Trúng Phiếu
23. Februar 1973

HEINZ FLÜGEL · UN-ZEIT-GENOSSEN

HEINZ FLÜGEL

# UN-ZEIT-GENOSSEN

*Confessionen und Clownerien*

EVANGELISCHES VERLAGSWERK

STUTTGART

ISBN 3 7715 0146 6
Erschienen 1973 im Evangelischen Verlagswerk Stuttgart
© Alle Rechte vorbehalten
Druck: Otto Bauer, Buch- und Offsetdruckerei,
Stuttgart 75 und Winnenden
Bindearbeiten: Buchbinderei Riethmüller, Stuttgart

# INHALT

# VORREDE

In einem meiner früheren Bücher hat mich die »Umfrage eines Redakteurs« beschäftigt, welche Rolle dieser und jener von uns gespielt haben könnte, wenn er sich in eine vergangene Epoche zurückversetzt dächte, wenn er sich zum Beispiel als einen Zeitgenossen Jesu wiedererkennen würde. Das Gedankenspiel war in zwiefacher Hinsicht als ein kritischer Versuch gedacht, einmal als Gewissenserforschung, als Prüfung der eigenen Position, sodann aber auch als Beitrag zur Aktualisierung der damaligen geschichtlichen Situation. Ich dachte an eine wechselseitige Befragung der Zeitgenossen von damals und heute.

Im Gespräch mit Freunden stellte sich nun die weitere Frage, ob auch der umgekehrte Versuch möglich und sinnvoll sei, also der Auftritt von Gestalten der Vergangenheit, die Interesse verdienen, inmitten unserer Gegenwart. In welcher Verfassung würden sie heute agieren, auf welche Weise würden sie sich heute engagieren, welches wäre jetzt ihre Sache?

In den fiktiven Zeugenaussagen und Geständnissen der folgenden Seiten ist ein solcher Versuch unternommen, wobei sich wiederum der Rundfunk als ein hierfür besonders geeignetes Medium erwies. Hier treten also die personae dramatis nicht als historische Figuren in der dementsprechenden Kostümierung auf, was auf uns nur komisch wirken würde; sie begegnen uns vielmehr als Unzeitgenossen in zeitgenössischer Gestalt und Umgebung. Darin liegt gewiß etwas Widerspruchsvolles. Doch sind wir nicht

7

alle, sofern wir geschichtlich und nicht nur eindimensional existieren, mehr oder minder widerspruchsvolle Erscheinungen? Wir werden uns immerfort selbst zur Geschichte. Je mehr einer lebt, desto stärker empfindet er sein sich summierendes Leben im Alltag als einen Anachronismus. Die Relativität der vergehenden Zeit vorausgesetzt, dünkt es mich daher eine nicht geringere Zumutung an meine Hörer und Leser zu sein, wenn ich von meinen Vergangenheiten erzähle, als wenn etwa jemand, der sich uns als Volker von Alzey vorstellt, mit der größten Selbstverständlichkeit von seinen Erfahrungen in Worms und im Lande der Hunnen berichtet. Alles ist ebenso nah wie unendlich weit von uns entfernt. Wir selbst sind Zeitgenossen und Unzeitgenossen zugleich. Scheinbar lang Zurückliegendes kann für uns sehr bedeutungsvoll sein und wichtiger als vieles, was sich erst gestern ereignete und uns heute womöglich schon nichts mehr angeht. Doch keiner weiß, wann sich Vergessenes unvermutet wieder als etwas Unerledigtes, Unbewältigtes in Erinnerung bringt. Wir leben in verschiedenen Zeiträumen zugleich; die Perspektive täuscht, wir leben in Wirklichkeit — um mit Jean Gebser zu sprechen — aperspektivisch.

Diese Tatsache berechtigt, wie ich meine, zu dem folgenden Experiment. Hierfür haben sich gerade diejenigen von den Unzeitgenossen am meisten empfohlen, die am wenigsten festgelegt und eindeutig erwiesen, die sogar nur erfunden sind, also die, die sich selbst eine offene Frage sind und noch immer odysseisch über die Todesgrenze hinaus unterwegs zu sein scheinen.

Vielen seriösen Lesern wird es natürlich schwer fallen, die hier zu Worte kommenden Unzeitgenossen, da sie die Kategorien unseres historisch perspektivischen Denkens durcheinander bringen, ernst zu nehmen. Man erwarte aber bitte auch nicht eine Geisterbeschwörung, nicht eine übersinnliche Botschaft von drüben. Die Unzeitgenossen sind an den konkreten Fragen und Konflikten dieser Zeit oder Unzeit interessiert. Der Mann in der Fernsprechzelle, der sich zur Verblüffung der Angerufenen als

Odysseus meldet, meint durchaus etwas Hiesiges. Die Angerufenen freilich werden, indem sie rational reagieren, den Anrufer für verrückt halten müssen.

Ja, ich bin einverstanden damit, wenn man das ganze Unternehmen dieses Buches als verrückt, als schizophren bezeichnet, und weise mit Nachdruck auf das achte Kapitel hin, wo wir im Irrenhaus einem Patienten begegnen, dessen Ich sich aus mehreren Personen zusammensetzt. Man könnte es aber auch für einen makabren Spaß halten, wenn sich der Clown im Zirkus der grausigen Szene erinnert, wie er zusammen mit anderen Christen im römischen Amphitheater den Löwen ausgesetzt wurde. Ich gebe zu, das aperspektivische Spiel in verschiedenen Zeiträumen, das Weiterdichten eines Lebenslaufes, als gäbe es nicht den endgültigen Tod, ist eine gewagte, ein wenig ketzerische Clownerie. Wer keinen Spaß daran findet, sich mit einem Steward zu unterhalten, der als Stallknecht auf der Arche Noahs mitgefahren zu sein behauptet, wer es als blödsinnig empfindet, wenn die Prinzessin Antigone heute als Mitglied einer roten Zelle agiert oder wenn Francisco de Orellana, der Entdecker des Amazonasstromes, als kritischer Beobachter an einer Straßenbaustelle im Innern Brasiliens auftaucht, dem sei empfohlen, es bei der Lektüre dieser Vorrede zu belassen und sich den Ärger über die ironischen Clownerien des Buches zu ersparen.

Natürlich gibt es Ärger: die Aussagen, die hier aufgezeichnet wurden, sind von subjektiven Emotionen erfüllt; hier werden keine Referate gehalten, sondern Konfessionen abgelegt. Entscheidend ist allemal das kritische Engagement in der Gegenwart. Die Zeugen sind zur Stelle, um von neuem Stellung zu nehmen, und sei es, daß sie sich damit radikal von ihrer durch die Überlieferung festgelegten Position entfernen. So tritt etwa Tilman Riemenschneider als Mann mit dem Salbengefäß aus seinem eigenen Altar, aus seiner Vergangenheit, seiner bisherigen Lebensgeschichte heraus. Das Motiv ist durchaus ein antibiographisches.

Der Autor bestätigt damit aufs neue, daß er sich weiterhin in

Opposition zu allem, was ein für alle Mal dogmatisch festgelegt ist, befindet. Gegenüber den Priestern des Absoluten glaubt er sich auf Leszek Kolakowskis Philosophie des Narren berufen zu dürfen, die, »vom Mißtrauen gegenüber der stabilisierten Welt« bestimmt, als eine »Bewegung der Phantasie« verstanden werden will.

Tutzing, den 10. August 1972                                    H. F.

Sämtliche Szenen wurden zum ersten Male vom Bayerischen Rundfunk unter dem Titel »Ungebetene Gäste« gesendet.

STALLKNECHT AUF DER
ARCHE NOAHS

*Ich stelle mir eine Bar im Salon erster Klasse eines auf Kreuz-*
*fahrt befindlichen Luxusschiffes vor. Es ist spät in der Nacht.*
*Ein einziger Passagier hockt noch an der Theke und läßt sich*
*von dem Steward einen Cocktail mixen. Der alte Barkeeper*
*hantiert bedächtig wie ein Alchemist mit den verschiedenen*
*Flaschen. Währenddessen redet er unentwegt auf den Ver-*
*gnügungsreisenden erster Klasse ein. Dieser würde sich am lieb-*
*sten in seine Kabine zurückziehen; der monologisierende Steward*
*läßt ihn jedoch nicht aus den Augen. Die Reden des Barkeepers*
*gehen dem Herrn im Smoking, wie ihm deutlich anzusehen ist,*
*auf die Nerven. Obendrein fühlt er sich durch das Heulen der*
*Schiffssirene beunruhigt. Manchmal meldet sich aus der vernebel-*
*ten Ferne ein anderes Schiff. Aufmerksam, um nicht zu sagen*
*ängstlich, versucht der Passagier den Kurs des fremden Schiffes*
*akustisch abzuschätzen. Zu seiner Beruhigung raucht er eine*
*Zigarette nach der anderen. Unterdessen redet der Barkeeper,*
*ohne sich zu unterbrechen, ohne dem Zuhörer eine Antwort, eine*
*Zwischenbemerkung zu gestatten. Dieser reagiert mit kramp-*
*figem Lachen an unpassenden Stellen. Schließlich vergeht ihm*
*aber auch noch das restliche Lachen. Der Barkeeper, den Blick*
*in seine Beute fest verkrallt, fährt in seinem Monologisieren*
*fort:*

Mir wird immer ganz melancholisch zumute, wenn ich des Nachts
das Nebelhorn höre. Man kommt sich so einsam, so verloren
vor. Dieses Geheul ist mir genau so unangenehm wie Ihnen,
obwohl ich doch schon wer weiß wie lange als Steward sämtliche
Meere befahre. Nein, mein Herr, man gewöhnt sich nicht daran.
Sie werden es mir nicht glauben: Ich habe das Meer noch nie
geliebt. Es ist mein Schicksal, aber ich sehne mich nach dem
Land. Den Urlaub verbringe ich jedesmal im Gebirge, möglichst
hoch oben. Aber als Steward verdiene ich recht gut, vor allem
seitdem ich die Bar unter mir habe. Früher habe ich mich auch
auf anderen Posten versucht; am besten gefällt es mir jedoch an
der Bar. Man hat an der Bar immer eine angenehme und unver-
bindliche Unterhaltung.

*Der Vergnügungsreisende erster Klasse bemüht sich, unverbind-
lich zu lachen, und bestellt sich einen Cocktail Napoléon.*

Bitte sehr, einen Napoléon! Mit Sherry, Orangenbitter und
Angostura ...! Bitte! — Vergessen Sie nicht, heute Nacht werden die Uhren zum ersten Male zurückgestellt. — Nein, ich
schließe noch längst nicht. Die Bar bleibt geöffnet, bis der letzte
Gast sich zur Ruhe begeben hat. Ich bin dann gewöhnlich der
einzige hier oben an Deck, das Schiff wirkt wie ausgestorben. —
O ja, in dieser Jahreszeit haben wir auf dieser Strecke fast
immer Nebel. Ohne Radargerät ist das früher allerdings ziemlich
gefährlich gewesen.

Hören Sie? Das ist ein anderes Schiff. Es klingt unendlich traurig, nicht wahr? Ringsum ist lauter Einsamkeit; man schwebt
wie im wesenlosen Raum. Man weiß nicht, ist es der erste
Schöpfungstag oder der letzte Tag, an welchem alles wieder in
Gestaltlosigkeit vergeht. Auch die Zeit wirkt wie aufgelöst. Das
Vorher und Nachher, Vergangenheit und Zukunft, sind kaum
noch zu unterscheiden. Die Orientierung verliert sich. So komme
ich leicht ins Sinnieren. Ich kann nicht sagen, ob es Erinnerung
oder Erahnung ist, was mich in solcher Stunde so melancholisch
stimmt. Oder vielleicht ist es auch eine unvergeßliche Angst, nie
wieder anzulangen am festen, verläßlichen Ufer, auf unserer
Arche, dem Schiff, immerfort dahinzutreiben im alles verschlin-
genden Nebel, abzutreiben von der bewohnbaren Erde, die
unter uns versunken ist in der See.

*Der Passagier erster Klasse weiß nicht, was er dazu sagen
soll.*

Ach, das ist nur so eine Empfindung! Sie können unbesorgt sein,
mein Herr, unsere Arche ist technisch bestens ausgerüstet, für die
Sicherheit des Schiffes ist gesorgt. Von dieser Seite droht uns
keine Gefahr. So habe ich es nicht gemeint. Glauben Sie mir, in
all den Jahrzehnten — ich bin in Versuchung, zu sagen: Jahr-
hunderten, denn die Zeit unserer Träume läßt sich nicht mes-
sen —, ich wollte sagen: Nicht ein einziger Unfall zur See, kein
Schiffbruch, kein Zusammenstoß, nur ein- oder zweimal ein

Feuerchen an Bord, ein Schiffsbrand. Wir stiegen einfach auf eine andere Arche um und landeten in einem exotischen Hafen. Der ausgebrannte Schiffsleib wurde abgeschleppt.

Ja, wenn das damals mit der berühmten Arche passiert wäre, so hätte es allerdings keine Rettung gegeben. Es wäre das endgültige Ende gewesen. Man konnte nirgendwo landen. Nichts als Himmel und Meer! Schreckliche Vorstellung, nicht wahr? Und keine andere Arche, auf die man hätte umsteigen können! Wir hören hier doch wenigstens, daß irgendwo in dem grauen Nebel noch ein anderes Schiff unsere Route kreuzt. So verschafft das Geheul uns doch einen melancholischen Trost. Wenn aber damals unser Nebelhorn auch mit tausendfacher Stärke durch den Wasserdunst des Weltuntergangs geheult hätte, es wäre keine Antwort zu vernehmen gewesen. Unsere Arche war total isoliert, die Einsamkeit war wirklich grenzenlos.

Sie werden sich das kaum vorstellen können, mein Herr. Ich sprach auf einer anderen Reise mit einem Mann der Besatzung, der im zweiten Weltkrieg tagelang allein als einzig Überlebender auf einem Floß im Meere trieb, nachdem sein Schiff auf eine Mine gelaufen war. Dieser Mann war imstande, mich zu verstehen. Für uns auf der Arche, damals, war unsere Welt vollkommen versunken. Wir steuerten als Schiffbrüchige zwischen ihrem Treibgut dahin, ständig in Angst, von Trümmern der gigantischen Überschwemmungskatastrophe gerammt zu werden.

*Der Vergnügungsreisende sieht ihn verständnislos an.*

Die Geschichte hat später erbauliche Züge angenommen. Sie eignete sich vorzüglich für pastorale Zwecke. Man hat sie monumental vereinfacht. In Wirklichkeit ist das natürlich nicht so erbaulich einfach zugegangen. Es gab mancherlei technische und moralische Probleme, abgesehen von der grundsätzlichen Frage, ob diese radikale göttliche Straf- und Reinigungsaktion juristisch überhaupt gerechtfertigt war. Und vorausgesetzt, daß es die Menschheit insgesamt tatsächlich verdient hatte, durch eine globale Wasserkatastrophe ausgerottet zu werden, — wieso, mein Herr, wurden auch die Tiere von dem Todesurteil mitbetroffen

— mit Ausnahme natürlich der Fische? Ich kann darin keinerlei Logik entdecken.

Wollen Sie meine private Meinung hören? Das große göttliche Gerichtsverfahren war von Anfang an verfehlt. Die Sache als solche, das heißt die Schöpfung, konnte auch Gott trotz seiner tiefen Enttäuschung über das mißlungene Werk nicht wieder rückgängig machen, und so plante er, mittels der gewaltigen Wasserflut alles Kranke, Üble, Pervertierte, kurz, alles Untermenschentum auszutilgen, um lediglich einige integre Exemplare der Menschenrasse und der Landtierarten zu retten, mit denen er das Ganze dann noch einmal unter besseren Voraussetzungen zu beginnen gedachte. Halten Sie mich getrost für einen Spötter! Die Konsequenzen der verfehlten Prozedur sind meines Erachtens fürchterlich.

Sie können doch wohl nicht leugnen, daß eine erneute planetarische Reingungskur längstens fällig ist. Aber diesmal wird die Katastrophe konsequenter und durchaus atheistisch in die Wege geleitet: der Schöpfer selbst braucht seine Hände dabei überhaupt nicht zu rühren, er wird das seinen Geschöpfen selbst überlassen, den Nachkommen derer, die die damalige Strafaktion überlebten, ich meine die Passagiere der mythischen Arche Noahs.

*Der Vergnügungsreisende tut so, als habe er jetzt die Sache begriffen. Er ist überzeugt, dem Barkeeper steckt ein Nagel im Kopf. Seefahrer, sagt er sich, haben zumeist einen Spleen.*

Gewiß, ich bin einer der Passagiere gewesen; doch um genau zu sein: Ich war nur ein blinder Passagier. Sehen Sie, es ging eben nicht so planmäßig zu, wie es das himmlische Vernichtungsprogramm festgelegt hatte. Nach dem strengen Ausleseprinzip Gottes sollte nur die Familie Noah, also der Chef der Familie mit seinen drei Söhnen samt allen dazugehörigen Frauen, verschont bleiben. Er allein, der Kommandant der Arche, verdiente, wie ihm mitgeteilt wurde, wegen seiner moralischen Unbescholtenheit und seiner religiösen Zuverlässigkeit Gnade, während alles andere erbarmungslos ertränkt werden sollte.

16

Ich gehörte selbstverständlich auch zur massa perditionis. Wenn man indessen einen gerechten Maßstab anlegt, so waren die drei Söhne Noahs, von ihren Frauen ganz zu schweigen, auch nicht völlig intakt. Sie profitierten lediglich von dem guten Ruf ihres Vaters. Später zeigten sie ihr wahres Gesicht. Aber auch schon zu Beginn, als der Vater ihnen seinen Plan, ein überdimensionales Schiff zu bauen, darlegte, kam es zu ernsten Differenzen. In der näheren Umgebung der Noachiten hörte man natürlich von den dramatischen Auseinandersetzungen zwischen dem Patriarchen und seinen Söhnen.

Das geschah mit orientalischer Weitschweifigkeit und lärmender Eloquenz. Als der Alte zum ersten Male eine Andeutung machte, daß es zweckmäßig sei, für den Fall einer großen Überschwemmungskatastrophe vorzusorgen, lachten ihn die Söhne unbekümmert aus. Als der Alte sich aber dann auf einen direkten Befehl Gottes und seine Gerichtsankündigung berief, geriet man in einen wilden theologischen Disput. Die Söhne bezeichneten ein solches Gericht als unrealistisch, als unvernünftig, als absurd. Unmöglich, daß dies der Wille Gottes sei! Zugegeben, daß allerlei im argen liege! War dies jedoch ein Grund, die Welt als Ganzes abzuschreiben? Und obendrein, wenn es zu einer solchen unvorstellbaren Katastrophe käme, was nützte dann ein armseliger Kasten aus Holz! Lohnte es sich denn, zu überleben? Gäbe es danach noch eine bewohnbare Erde, eine »heile Welt«, eine Heimat? Nein, besser wäre es, gleich mit der übrigen Menschheit zugrundezugehen.

*Der Passagier zündet sich eine neue Zigarette an.*

Der Patriarch ließ sich durch solche Argumente nicht beirren. Es war für ihn eine Frage des Glaubens, das heißt des Gehorsams. Er war nicht gewohnt, zu reflektieren. Da er selbst gehorsam war, forderte er auch von den Seinen unbedingten Gehorsam. Überdrüssig des Disputs mit dem starrsinnigen Gottesknecht gaben die Söhne endlich nach und ließen dem Alten seine phantastische Grille, ja sie fanden im Lauf der Zeit sogar ein gewisses Vergnügen an dem utopischen Unternehmen, dem

Bau eines riesigen Hausbootes. Sie betrachteten es als Spielzeug des autoritären Patriarchen und wetteiferten mit ihm und untereinander als Konstrukteure und Techniker.

Noch lange vor dem spektakulären Turmbau zu Babel war Noahs Arche unzweifelhaft das erste technische Wunderwerk: eine erstaunliche Leistung, zumal wenn man bedenkt, daß diese Schiffskonstrukteure bis dahin keinerlei seemännische Erfahrung machen konnten und daß sie aus eigenem Antrieb sich niemals auf den wilden Ozean in die Nachbarschaft des Todes hinausgewagt hätten. Die vom Himmel angekündigte Wasserkatastrophe blieb zwar für die Söhne zunächst eine Fiktion, bot aber als solche einen nicht unwillkommenen Anlaß, ihre technischen Spiele zu treiben.

Die Umwelt durfte freilich von dem eigentlichen Grund des mysteriösen Schiffsbaus nichts erfahren. Der Patriarch selbst war von Gott zu strenger Geheimhaltung verpflichtet, und die Söhne wollten sich nicht lächerlich machen. Deshalb tarnte man die monströse Konstruktion als einen von Gott in Auftrag gegebenen modernen Tempelbau. Da man bei dem gigantischen Projekt auf fremde Arbeitskräfte nicht verzichten konnte, blieb es allerdings nicht aus, daß allmählich doch einzelne Gerüchte über den wahren Zweck des Unternehmens an die Öffentlichkeit gelangten, was bei den einen, den Ungläubigen, lediglich Spott hervorrief, während es die anderen, die kleinmütigen Seelen, in wirre Ängste versetzte. Doch ließ man sich gern durch die Dementis des Hauses Noah wieder beruhigen.

Ich selbst war, ohne an das in vagen Andeutungen vorausgesagte Weltgericht ernsthaft zu glauben, dennoch entschlossen, in jedem Fall, auch bei einer mittleren Katastrophe, am Leben zu bleiben. Als ein am Projekt beschäftigter Knecht des Noah gewann ich Einblick genug in die verrückte Konstruktion, um daraus meine Schlüsse zu ziehen, vor allem, was die Möglichkeit meiner eigenen Rettung betraf. Ich sah, daß Maßnahmen getroffen wurden, um nicht nur Menschen, sondern auch Tiere, ja einen ganzen Zoo, in der Arche unterzubringen. Noah aber und seine Söhne, von dem alten Diktator vereidigt, hielten auf eine geradezu infame Weise dicht, wenn sie einer von uns nach dem, was dahinterstecke, befragte.

Die Söhne hatten nun doch, je näher der kritische Zeitpunkt rückte, Respekt vor der fixen Idee des hartnäckigen Alten bekommen, der nicht die geringsten Skrupel hegte, uns, die Verdammten, insgesamt für seine Rettung schuften zu lassen, ohne uns selbst vor der drohenden Katastrophe zu warnen. Im Gegenteil, er tat alles, um uns zu täuschen, damit ja kein anderer außer ihm und seiner Familie überlebe. Auch war es seiner fanatischen Bigotterie gelungen, die Söhne davon zu überzeugen, daß sie mit ihm zusammen die Elite bildeten, die Gemeinde der vor Gott allein Gerechten, während alles andere sündiger Abfall, lebensunwertes Gesindel sei, reif zur Vernichtung.

*Der Passagier erster Klasse stimmt insgeheim dem elitären Prinzip des Archekommandanten zu.*

Sobald ich begriffen hatte, was hier gespielt wurde, schwor ich mir selbst, dem Alten sein scheinheiliges Konzept zu verderben. Ich hätte den Plan verraten und eine Revolte der betrogenen Plebs anzetteln können; doch mit der Zerstörung der Arche hätte ich womöglich auch meine eigene Rettung vereitelt. Dies wäre die Logik eines tragischen Helden gewesen. Ich besaß jedoch nicht das Zeug zum echten Rebellen; es reichte bei mir nur zur Spionage. Hatte ich auch keinen Anspruch auf Rettung aus moralischen Gründen, so wollte ich sie mir doch wenigstens durch meine Intelligenz verdienen.

Ich wußte freilich, daß ich dadurch, daß ich mich in die Arche als blinder Passagier einschlich, zum Komplizen jener wurde, die ich wegen ihres elitären Dünkels haßte. Ich tat arglos und ahnungslos, beobachtete aber mit Wachsamkeit, wie der angebliche Tempel von den Söhnen Noahs heimlich verproviantiert wurde. Ihre Organisation und Disziplin waren wirklich bewundernswert. Ohne daß außer jenen vagen, immer wieder dementierten Gerüchten etwas Bestimmtes an die Öffentlichkeit drang, schafften sie es termingerecht, die Arche bis zum Ausbruch der

Katastrophe fertig auszurüsten. Außerdem besaßen sie von seiten des Himmels exakte Informationen, so daß sie sich in dem Augenblick, als der Weltuntergang schlagartig einsetzte, in aller Gelassenheit an Bord begeben und die Luken dicht machen konnten.

*Den Passagier macht es nervös, daß das Nebelhorn nach wie vor in regelmäßigen Abständen heult. Diesmal, findet er, kommt die Antwort aus größerer, geradezu gefährlicher Nähe.*

Ach nein, von Gelassenheit war eigentlich keine Rede. In der Arche drohte vielmehr, sobald man in See gestochen war, eine Panik auszubrechen. Im Grunde hatten ja doch die Söhne und erst recht nicht die Frauen an den furchtbaren Tag X geglaubt. Ich selbst hatte mich rechtzeitig an Bord geschlichen und zwischen den Tieren versteckt; denn als die Sache ernst wurde, ordnete der Chef der Arche eine scharfe Kontrolle an, damit ja kein Unberechtigter, um nicht zu sagen: Ungerechtfertigter die rettenden Planken der Arche betrete.

Noah, der Kommandant, das zeigte sich nun, hatte eiserne Nerven: ohne ihn wäre die Arche schon in den ersten Tagen gescheitert. Kaltblütig beobachtete er von seiner Kommandobrücke aus, wie die Erde in der Flut, die von allen Seiten, von oben und unten, hereinbrach, mit sämtlichen Lebewesen versank. Auch das Hilfegeschrei der letzten Erdenbewohner, welche sich auf die Gipfel der Berge geflüchtet hatten, die noch als Klippen aus dem Meere ragten, vermochte ihn nicht zu rühren, obwohl die Frauen ihn beschworen, sich doch wenigstens der Paar Kinder, die sich an die Planken der Arche klammerten, zu erbarmen. Er berief sich auf die eindeutigen Befehle Gottes, die nicht die geringste Ausnahme erlaubten. Er kannte keinen Gewissenskonflikt. Er war von der Gerechtigkeit Gottes vollkommen überzeugt und seiner eigenen Irrtumslosigkeit sicher.

Erst als man mich zwischen den Tieren entdeckte, sah er sich vor unlösbare Probleme gestellt. Die Situation wurde kritisch. Als blinder Passagier brachte ich Noahs ganze Theologie durcheinander. Er mußte sich fragen: Wie war es zu dieser verhängnisvollen Übertretung des göttlichen Befehls gekommen? Hatte womöglich einer der Söhne oder gar eine der Frauen ihre Hand im Spiel? Wer hatte bei der Kontrolle des Eingangs zur Arche geschlafen? Jeder einzelne wurde von Noah einem strengen Verhör unterworfen. Wo lag die Fehlerquelle, wer hatte versagt oder womöglich die Bestimmung der Arche und den Plan der göttlichen Strafaktion verraten? Der alte Autokrat mißtraute seinen Söhnen zutiefst.

Was aber hatte mit mir zu geschehen, dem Fremdkörper in der Arche, dem Bazillus, der womöglich die künftige Menschheit infizierte? Für Noah bestand kein Zweifel, daß ich, um den Menschheitsrest vor Ansteckung reinzuerhalten, unverzüglich aus der Arche zu entfernen, mit anderen Worten: nachträglich in der Sintflut zu ertränken sei. Die Söhne waren bedenklich: Gab es eine diesbezügliche Anweisung Gottes? Ertränken war immerhin etwas anderes als ertrinken lassen. Durfte man also, ohne selbst schuldig zu werden, Hand an mich legen? Und worin bestand überhaupt — abgesehen von der Kollektivschuld — mein subjektives Vergehen? Hatte ich mich denn nicht als ein emsiger und geschickter Werftarbeiter bewährt? Auch bei den Tieren hatten sich im übrigen verschiedene blinde Passagiere eingeschmuggelt. Eine perfekte Kontrolle hatte sich als unmöglich erwiesen. Man solle mich doch einfach unter den Tieren mitreisen lassen, empfahlen die Söhne.

Der Kommandant, unsicher geworden, sagte nicht »Ja«, nicht »Nein«, er betrachtete mich einfach als nicht existent. Ich zählte nicht, ich wurde in der Überlieferung unterschlagen. Auf der Arche duldete man mich, man ließ mich die dreckigste Arbeit auf dem untersten Deck bei den Tieren verrichten. Man konnte mich als Arbeitskraft jetzt und in Zukunft ganz gut gebrauchen. So überlebte ich die Sintflut, aber als Proletarier der Arche, getrennt von den Privilegierten, ein theologisches und gesellschaftliches Problem. Oder, wenn Sie es ganz genau wissen wollen: Ich war natürlich auch ein sittliches Problem.

*Der Passagier blickt den Steward fragend an.*

Wir waren immerhin viele Monate, über ein Jahr lang, unterwegs. Unterwegs ist nicht der richtige Ausdruck. Wohin sollten wir denn fahren? Alle Häfen waren versunken. Wir waren nicht im Raume, sondern in der Zeit unterwegs. Es gab für uns keinen Weg und kein Ziel; wir dachten nur an einen Termin. Uns war egal, wo wir einmal landeten, uns quälte nur die Ungewißheit, wann wir und ob wir überhaupt jemals wieder landeten. Allein der Kommandant, der sich an seine Instruktionen hielt, strahlte pflichtgemäß Optimismus aus. Die Söhne heuchelten in seiner Gegenwart gleichermaßen einen unangefochtenen Glauben; aber vor mir, dem Kuli auf dem untersten Deck, brauchte man kein Blatt vor den Mund zu nehmen. Bei mir sprach man sich aus.

Die in der Arche Gefangenen wurden von den verschiedenartigsten Ängsten heimgesucht. In der ersten Zeit, als noch die Stürme wüteten, hatten wir Angst, daß das Schiff kentern oder von den Wellen leckgeschlagen werde. Alle möglichen technischen Mängel stellten sich heraus. Die Steuerung funktionierte nicht. Wir trieben zeitweise steuerlos in der Strömung zwischen den Spitzen versinkender Berge, jeden Augenblick des Scheiterns gewärtig. Immer wieder mußten undichte Stellen ausgebessert, mußte eingedrungenes Wasser ausgeschöpft werden. Oftmals brach Panik unter den Tieren aus. Das schlimmste aber war die Angst, von Gott betrogen und im Stich gelassen zu sein.

Die Angst wurde um so größer, als die Stürme, die die Sintflut begleitet hatten, sich legten und sich statt dessen über das unbewegte Weltenmeer eine fürchterliche Ruhe breitete. Die letzten Seevögel, die unser Schiff mit schrillen Rufen umkreist hatten, waren längst in der Weite verloren gegangen. Wir lagen vollkommen still im schweigenden Nebel, ohne irgendein Merkmal, ein Zeichen der Orientierung, einen einzigen Wink, der uns hoffen ließ, zu gewahren.

Es kam zu gräßlichen Exzessen der Verzweiflung, der Lästerung und des Wahnsinns. Noah, der Kommandant, war wie erstarrt; er rekapitulierte nur noch automatisch die von Gott an ihn ergangene Weisung. Durch Morgen- und Abendandachten versuchte er zwar die äußere und die innere Disziplin zu erhalten. Aber seine Frömmigkeit setzte Rost an, der Mechanismus war ausgeleiert, der Kontakt mit Gott funktionierte nicht mehr. Gott gab keine Antwort.

Den Verzweiflungsausbrüchen metaphysischer Angst entsprachen panische sexuelle Exzesse. Ich erwähne dies, weil sich diese wilden und wahllosen Paarungen auf dem Unterdeck, wo ich residierte, vollzogen und weil ich selbst, wie sich denken läßt, daran nicht unbeteiligt war. Vielmehr, um ehrlich zu sein: die Frauen waren gerade auf mich, den Plebejer, den blinden Passagier, wie versessen. Instinktiv bekannten sie sich damit zu der dunklen Tradition der Menschheit vor der Flut.

Daß Cham, der jüngste Sohn, sich sodomitischer Unzucht schuldig gemacht habe, ist jedoch eine unbeweisbare Verdächtigung. Bekannt ist nur aus späterer Zeit, daß Noah die Nachkommenschaft Chams, also ganz Kanaan, wegen irgendeiner moralischen Übertretung des Stammvaters mit archaischer Strenge auf alle Zeiten zur proletarischen Existenz deklassierte. Nein, ich möchte darauf nicht weiter eingehen. Solche mythologischen Kollektivbestrafungen erregen heutigen Tages Bedenken, nicht wahr? Die geschichtlichen Konsequenzen sind ungeheuerlich.

*Dem Passagier erster Klasse fällt dazu nichts anderes ein, als um einen weiteren Cocktail zu bitten.*

Oh bitte, noch einen Napoléon mit Sherry, Orangenbitter und Angostura! Entschuldigen Sie, ich rede und rede und vergesse, Sie zu bedienen. Nein, der Nebel hat sich noch nicht gelichtet. Hören Sie? Jetzt meldet sich auch backbord voraus ein weiteres Schiff.

*Der Passagier kann seine Beklommenheit nicht verbergen.*

Ja, der Verkehr ist ziemlich dicht. Mein Gott, wie glücklich wären wir damals über die Begegnung mit einer anderen Arche gewesen, — wir, aber sicherlich nicht der Kommandant. Er dachte konsequent. Genauso, wie er selbst später Kanaan insgesamt degradierte, hatte Gott nach seinem Verständnis mit Recht die gesamte Menschheit außer der Sippe Noahs liquidiert. Er mußte ganz und gar von der Gerechtigkeit Gottes und seiner eigenen Rechtfertigkeit durchdrungen sein; sonst hätte er es auf seinem Posten, in vollkommener Isoliertheit, nicht aushalten können. Vielleicht ahnte er etwas von dem sündhaften Treiben auf dem Unterdeck; doch er verdrängte es aus seinem Bewußtsein. Er harrte aus auf dem oberen Deck, indem er sich selbst betrog. So erhielt er sich in seiner Utopie. Oder war es Gottes Utopie?

Aber, so werden Sie fragen, konnte denn Gott sich wirklich so sehr in seinen Hoffnungen täuschen? Ich bedaure: Er konnte. Das ganze utopische Unternehmen, die Rettung einer Elite, war ja ganz offensichtlich — ich sagte es schon — trotz dem demonstrativen Friedenszeichen am Himmel, ein Fehlschlag, und der Verlauf der Geschichte zeigte alsbald die tragischen Folgen dieses göttlichen Irrtums.

Ich schilderte Ihnen die Vorgänge auf dem unteren Deck, um Ihnen zu beweisen, daß die Passagiere der Arche, wenn sie auch besser gewesen sein mögen als die übrige von der Sintflut ertränkte Gesellschaft, dennoch keinerlei Garantie für eine Höherentwicklung der Menschheit boten. Die Elite war nicht nur moralisch infiziert; durch ihre enorme Intelligenz war sie überdies in besonderem Maße gefährdet. Als die Geretteten, als die Verbündeten Gottes, die nur mit Abscheu der ausgerotteten Untermenschheit gedachten, fühlten sie sich ihrer elitären Berufung vollkommen sicher. Die technische Leistung, die sie mit der Konstruktion der Arche vollbracht hatten, was ihr Selbstbewußtsein gewaltig stärkte, wurde schon einige Jahrhunderte später durch den phantastischen babylonischen Turmbau überboten. Den Technokraten von damals wurde zwar von Gott eine abermalige unmißverständliche Verwarnung erteilt; aber — sagen Sie selbst! — hat es etwas genützt? Bereitet sich nicht eine neue Katastrophe vor? Ich sagte schon: Gott selbst braucht dabei nicht einmal aktiv zu werden; die Technokraten besorgen es ohne Gott auf eigene Rechnung.

*Der Vergnügungsreisende wagt einen zaghaften Einwand, indem er wortlos mit den Schultern zuckt.*

Sie finden also, daß dies nur Ressentiment, nur dumpfer Haß auf die Elite, nur pöbelhafter Neid auf die technische Intelligenz, auf die regulären Passagiere der mythischen Arche Noahs sei? Sie haben ja recht, mein Herr, ich gehöre nicht zu Ihrer Gesellschaft, ich habe nur die Privilegierten des oberen Decks zu bedienen. Entschuldigen Sie meine düstere Prognose. Ich erklärte bereits, der Nebel stimmt mich jedesmal melancholisch; die Nebelhörner erinnern mich an das Jammergeheul der zum Untergang verurteilten Menschheit.

*Der Passagier erster Klasse ist jetzt auf dem Sprung, den Rückzug anzutreten.*

Gewiß gibt es auch beim nächsten Mal wieder einige Privilegierte, die über die Apparatur verfügen, welche sie rettet. Natürlich, wer möchte nicht überleben? Daß Gott im gegebenen Fall die Auswahl trifft, ist kaum anzunehmen. Es fragt sich obendrein, ob das Überleben bei einer kommenden Katastrophe als eine Gnade zu verstehen ist. Als sich damals die Wasser der Sintflut verliefen, gab es immerhin eine neue saubere Erde. Die nächste Sintflut ereignet sich indessen, wie zu befürchten ist, als ein gigantischer chemischer Vorgang, ich meine, als ein allgemeiner Vergiftungsprozeß.

O nein, ich würde nicht wagen, schon jetzt einen Schuldigen für einen solchen globalen Giftmord zu benennen. Gewiß, mein Herr, man wünscht sich deutliche Fronten, man verlangt nach einem sichtbaren Feind, den man hassen darf. Man möchte wenigstens, wenn unsere Welt auch radioaktiv zugrundeght, ein gutes Gewissen haben und sagen können: Nicht ich, nicht ich, nur der andere hat schuld. Mein Gift ist nur ein Verteidigungsgift. Ich vergifte die Welt nur, um sie vor dem anderen zu schützen.

*Der Vergnügungsreisende erster Klasse drückt seinen Zigarettenstummel aus zum Zeichen, daß für ihn der Spaß nunmehr ein Ende hat.*

Seltsam, wie sich das Heulen der Nebelhörner verdichtet! Es hört sich an wie eine makabre Symphonie. Wer weiß, mein Herr, womöglich ist die chemische Sintflut bereits im Gange. Ihre Veranstalter sind ja keineswegs nur jene frivolen Strategen, die die Atomisierung der Welt konzipieren. Unter der Hand sind zahlreiche, scheinbar friedliche Giftmischer beteiligt, unschuldige Mörder, ahnungslose Verbrecher, harmlose Attentäter, unbekümmerte Krebsverbreiter. Sie sind nicht eigentlich böse, sie sind nur gleichgültig. Sie sind nicht grausam, aber gedankenlos; sie sind tüchtig, aber zu faul, um zu denken. So lassen sie die Welt um sich herum verkommen, indem sie die Flüsse in Jauche und die Seen in Kloaken verwandeln. Schon sind die Meere verseucht, und die Luft verdickt sich zu einem schmutzigen Nebel. Man atmet Abgase ein und inhaliert den Tod.

*Die Nebelhörner haben sich zu einem dissonanten Geheul vereinigt.*

Nicht wahr, bereits bei solchen Erwägungen gerät man asthmatisch in Atemnot. Wissen wir denn, von welchen Miasmen der Nebel verpestet ist? Ungewarnt werden wir womöglich vergast.

*Der Passagier erster Klasse empfindet tatsächlich eine Art Atemnot. Er versucht einen halbwegs passenden Abgang. Er murmelt irgendetwas Albernes wie: Kommt Zeit, kommt Rat.*

Sie wünschen also keinen Napoléon mehr? Gute Nacht, mein Herr. Am besten verkriechen Sie sich in Ihrer Kabine, um nichts zu hören, nichts zu sehen und möglichst auch nichts zu denken. Gute Nacht!

*Der Passagier ist bereits auf dem Weg in seine Kabine.*

Ich vermute, das ist auch einer von den unschuldigen Mördern. Habe ich ihn doch ein wenig um seinen Schlaf gebracht? Morgen wird er bestimmt alles wieder vergessen. Das Programm der Reiseleitung sorgt dafür. Diese Arche ist ein Vergnügungsschiff. Ich weiß, ich bin hier fehl am Platz, ein Fremdkörper wie damals auf der Arche Noahs ... Kein Passagier mehr an Deck! Ich schließe die Bar ...

# DER DRACHENJÄGER

*Unauffällig, aufmerksam und brav ist er mit den anderen
Museumsbesuchern hinter dem amtlichen Führer durch die vielen
Säle der naturwissenschaftlichen Sammlung getrottet, — keineswegs eine Erscheinung wie Beowulf; er sieht im Gegenteil wie
ein ärmlich gekleideter Rentner aus. Schließlich ist man zur
größten Sehenswürdigkeit des Museums gelangt, zu dem rekon-
struierten Skelett eines Riesensauriers. Hier beendet der amt-
liche Führer seine Mission. Da meldet sich auf einmal jener
unauffällige Rentner zu Wort, indem er sich zu Füßen des
Dinosauriers postiert. Trotz der vielen durcheinander redenden
Stimmen gelingt es ihm, was man ihm vorher nicht zugetraut
hätte, sich Gehör für seine Rede zu verschaffen:*

Meine Damen und Herren, nachdem unser vortrefflicher Muse-
umsführer sein Referat über das Drachengerippe beendet hat,
auf das Sie noch immer voll Interesse blicken, gestatten Sie mir,
daß ich, obschon Ihnen unbekannt, das Wort zu einer persönlichen Erklärung ergreife. Unser geschätzter Führer hat es verstanden, das monströse Skelett vor unseren Augen sozusagen
mit Fleisch und Haut zu bekleiden, das Knochengerüst zu ver-
vollständigen und in unserer Phantasie das perfekte Ungeheuer
zum Leben zu erwecken. Ich spreche gewiß in Ihrer aller Namen,
wenn ich ihm unsere Anerkennung und unseren Dank zum Ausdruck bringe.

*Die Zuhörer spenden ihm, beziehungsweise dem offiziellen Füh-
rer, freundlichen Beifall, worauf sich dieser geschmeichelt entfernt. Das Publikum, schon ziemlich ermüdet, ist im Begriff, sich
zu zerstreuen, als der Rentner von neuem zu reden anhebt:*

Meine Damen und Herren, wir sollten es fernerhin nicht versäumen, bei dieser Gelegenheit auch den Verdiensten des Museumsdirektors unseren Beifall zu zollen, der dieses einzigartige
Exemplar eines Drachengerippes rekonstruiert und dem inter-
essierten Publikum zur Bewunderung und — ich meine — doch
auch zum Schrecken aufgestellt hat.

*Auch dieser Appell wird mit Klatschen quittiert, das dem ab-
wesenden Museumsdirektor gilt, während die Aufforderung,*

*außer der Bewunderung auch noch Schrecken zu fühlen, ledig-
lich Befremden erregt.*

Ich sagte: zur Bewunderung und zum Schrecken, und glaube
damit die Absichten der Museumsleitung nicht falsch verstanden zu haben. Sollten Sie, meine Zuhörer, nicht doch etwas davon empfunden haben, von dem archaischen Schrecken vor dem
Ungeheuren? Sie möchten es sich selbst vielleicht nicht einge-
stehen. Als moderner Mensch gibt man sich gerne nüchtern
interessiert und wissenschaftlich distanziert, nicht wahr? Wir,
wir Menschen der Neuzeit, so könnten Sie sagen, haben doch
schließlich schon mancherlei zustandegebracht, was mit einem
solchen Monstrum konkurrieren kann. So ein dummes Ungeheuer, werden womöglich einige von Ihnen, meine Herren, als
militante Vertreter des homo sapiens denken, das braucht uns
doch wirklich nicht zu imponieren: Zu viel Panzer, zu wenig
Gehirn. Es hatte, biologisch gesehen, seinen Untergang verdient.
Es ging an seiner eigenen unpraktischen Konstruktion zugrunde.
Genau genommen, finden Sie wahrscheinlich, war ein solches
Ungeheuer ein Irrtum der Natur, ein gescheitertes Experiment,
eine Absurdität. Ja, man muß sich schon wundern, aber warum
archaisch erschrecken? Das ist doch Romantik, das ist irrational!
*Die Zuhörer wispern sich einander zu: Was soll das eigentlich?
Was ist das überhaupt für ein komischer Vogel? — Dieser fährt
jedoch in seiner Rede fort:*

Mag sein, daß der Direktor dieses Museums sein Publikum
falsch eingeschätzt hat, wenn er auf eine solche irrationale Reaktion spekulierte. Kann auch sein, daß ich selbst mich in den
Absichten des Museumsdirektors täusche. Ich bin in diesen Sälen
trotz all meiner nicht zu leugnenden sachlichen Kompetenz eben
doch nur ein Fremdling. Unser kundiger Führer, der uns gewiß
über die Statuten des Museums Auskunft geben könnte, hat uns
leider schon wieder verlassen.

Wahrscheinlich wartet am Eingang bereits eine neue Gruppe von
Museumsbesuchern auf seine Erklärungen. Oder, wer weiß, mög-
licherweise hat er sich sogar zur Direktion begeben, um ihr zu

melden, daß ein in seinen Augen Unbefugter, ein ordinärer Museumsbesucher, das Wort ergriffen hat, wo doch nur die offiziellen, mit einer Mütze und Blechmarke ausgestatteten Führer berechtigt sind, den Statuten des Museums entsprechend, dem Publikum das Monstrum zu erklären. Ich vermute, daß Sie, meine Herrschaften, mit dieser Regelung einverstanden sind und ebenfalls keinen Störenfried dulden.

*Allerdings, man läßt sich nicht provozieren. Einige kehren dem unbefugten Redner ostentativ den Rücken. Die Mehrzahl aber, teils spöttisch amüsiert, teils in Erwartung von etwas Ärgerlichem, bleibt.*

Nicht wahr, Sie haben Ihr Eintrittsgeld bezahlt und verlangen dafür die eingelernten Erklärungen eines vom Museum autorisierten Führers. Sie möchten sich an eine zuverlässige Verlautbarung halten, Sie wollen eine vom Museum garantierte Information. Er allein, der autorisierte und durch seine Blechmarke legitimierte Führer, hat Vollmacht, Ihnen zu sagen, worüber Sie zu erschrecken oder nicht zu erschrecken haben.

Es wäre zum Beispiel denkbar, daß er in Ihrem Falle angewiesen wurde, das Monstrum möglichst als eine Extravaganz der Natur zu deklarieren, eine Abnormität, die man nicht ernst zu nehmen braucht. Emotionen, Ausbrüche der verstörten Phantasie hätten demnach als etwas Ungehöriges, als etwas geradezu Unanständiges in diesen sauberen und sterilen Sälen zu gelten. Das Ungeheuer ist längst erledigt, von der Entwicklung überholt, ein groteskes, präpariertes Skelett, naturwissenschaftlich katalogisiert, kurzum: ein museales Ausstellungsstück.

Was soll daran noch geheimnisvoll oder gar grauenerregend, dämonisch sein? Nicht wahr, Sie lachen: wieso dämonisch! Was heißt: dämonisch!

*Die Zuhörer lachen, ihr Lachen ist indifferent, sie lachen einfach, weil sie die Rede als solche lächerlich finden.*

Die Direktion hat, wie man annehmen darf, längstens entschieden, daß dies, das Dämonische, eine zur Beurteilung der hier versammelten Schaustücke unzulässige, für das Personal ausdrücklich verbotene Kategorie ist. Die Objektivität, die Neutralität der Forschung steht auf dem Spiel. Das Publikum hat sich dementsprechend normal zu benehmen und den Anordnungen der Direktion Folge zu leisten. Da zeigt es sich, wie wichtig es ist, daß die Museumsbesucher gruppenweise jederzeit von einem geschulten Führer begleitet werden, der den Leuten sagt, was man wissen muß, und undisziplinierte Frager in ihre Schranken weist. Es könnte sonst womöglich zu metaphysischen Exzessen kommen.

Stellen Sie sich doch vor, meine Herrschaften, was für eine Verwirrung entstünde, wenn hier irgendein spintisierender Einzelgänger, ein Außenseiter der konformen Gesellschaft, ausgestattet mit einer kannibalischen Phantasie, auftauchen würde, der es sich einfallen ließe, das Ungeheuer als Ungeheuer, als Figuration des Bösen, als höllische Ausgeburt oder — warum nicht? — als apokalyptischen Drachen zu identifizieren! Es ist nicht auszudenken, es wäre einfach nicht zu ertragen!

Schon sehen sich einige von Ihnen nervös nach einem uniformierten Wächter um. Jener anachronistische Museumsbesucher würde womöglich beim Anblick des Ungetüms in archaische Ängste, ja, in ein ganz unzivilisiertes Entsetzen verfallen. Was meinen Sie, was für ein barbarischer Schreikrampf ihn, den Unzeitgenossen, überwältigen würde, wenn er durch das groteske Skelett plötzlich daran erinnert wird, wie er dem leibhaften Ungetüm selbst gegenüberstand!

*Die Zahl der Zuhörer wird immer geringer. Verschiedene sind, ernsthaft beleidigt, unter vernehmlichem Murren davongegangen. Ein besserer Herr tippt sich an die Stirn, bevor er mit markanten Schritten den Saal verläßt.*

Wirklich, geht Ihnen das so sehr auf die Nerven? Aber bitte, mir ist es recht, wenn Sie sich entfernen. Ich empfehle Ihnen sogar, sich lieber nach Hause zu Ihrem Schweineschnitzel zu begeben, bevor Ihnen der Appetit vergehen sollte. Meinetwegen, beschweren Sie sich bei der Direktion. Das bekümmert mich wenig, das macht mir nichts aus.

Wissen Sie, ich bin nur ein sporadischer Museumsbesucher. Ja, hin und wieder zieht es mich zu dem mir fürchterlich vertrauten Gerippe. Ich erkläre Ihnen das gern als Ergänzung zu dem, was der Mann mit der Mütze und Blechmarke ordnungsgemäß vorgetragen hat. Die Sprachregelung gestattete ihm die Beschreibung des Phänomens freilich nur im Sinne der musealen Disziplin. Aber sollten nicht zumindest Sie, meine Herren, sich einmal versuchsweise in die Lage dessen versetzen, der etwa beim Spaziergang, beim Pilzesuchen oder beim Blumenpflücken das häßliche Ungeheuer plötzlich so in seiner monströsen Dimension auf sich zu marschieren sieht?

Was erzähle ich Ihnen da von Spaziergang und Blumenpflücken! Keine Rede davon! Man lebte in einer feindlichen Welt. Wären Sie nicht auch in panischem Schrecken davongelaufen? Natürlich liefen die meisten davon; doch der Spielraum war nicht allzu groß. Überall tauchte irgendein Ungeheuer auf: man war von all den Monstren, den Figurationen der Hölle wie umstellt. Man hatte immerfort das Widermenschliche, das, was uns in unserer Existenz schlechthin verneint, vor Augen. Warum sollte man es nicht das Böse, die Ausgeburt des Abgrunds nennen?

Falls ein Theologe unter Ihnen ist, meine Herrschaften, — er wird das Böse sicherlich viel subtiler verstehen. Ich weiß schon: Das Böse hat sich selbst — in Ihrem Sprachgebrauch — entmythologisiert. Auch im ekklesiastischen Amtsbereich wäre es unangebracht und geschmacklos, von der Schlange des Abgrunds, dem großen Tier der Apokalypse zu sprechen. Sie glauben ja selbst nicht mehr an solche Metaphern. Das Böse hat sich in Ihrer Zeit immer mehr verdünnt. Es ist nicht etwa weniger geworden, o nein, aber es hat sich fein, fast unsichtbar, verteilt. So merkt man es gar nicht oder viel zu spät, bis es irgendwo zu einem abscheulichen Brei zusammenrinnt.

*Ein junger langhaariger Mensch, offenbar Theologe, hat sich angesprochen gefühlt und gemeldet, indem er, ohne daß es der Redner bemerkte, den Finger hob. Einige Zuhörer haben sich im Hintergrund absentiert und beraten sich, weil ihres Erachtens die Museumsordnung gefährdet ist, über die zu unternehmenden Schritte. Unbeirrt fährt jedoch der Redner fort:*

Aber, meine Herrschaften, wieso verkrümeln Sie sich? Ist Ihnen dieser Exkurs über die Erscheinungsformen des Bösen so peinlich? Warum sind Sie nur so empfindlich — jedenfalls in diesem Punkt? Sie sind es doch sonst nicht, wie ich Sie kenne. Natürlich, man redet nicht gern davon. Verstehe, verstehe, man kommt nicht aus ohne eine gewisse feindosierte Beimischung des Bösen. Das macht die Sache für Sie so schwierig.

Wir — jetzt rede ich offen: mit Ihnen, meine letzten Zuhörer, kann ich direkt sprechen, — wir hatten damals den Vorteil, das Böse noch als eine gigantische Fratze vor uns zu sehen. Wir täuschten uns nicht, oder doch? Wir betrieben das heroische Geschäft der Ausrottung, wir rotteten die mythischen Ungeheuer aus. Habe ich damit behauptet, daß wir edler als Sie, moralischer und gottgefälliger waren?

Das meinen Sie doch nicht im Ernst, daß ich ein Drachentöter wie der heilige Georg gewesen sein könnte? Obendrein war St. Georg mehr Märtyrer als Drachenjäger in unserem Stil. Man hat ihn mit dem Drachen wie mit einem Wappentier, wie mit einem Emblem geschmückt. Die richtigen praktischen Drachentöter waren vielmehr von herkulischer Art; keine ritterlichen Leute mit gepflegten Manieren, die in eine christliche Legende passen.

Ich selber gehörte allerdings schon einer späteren Generation von Drachenkämpfern an. Die große heroische Epoche ging allmählich zu Ende. Wir Späteren, wir Epigonen waren bereits routiniert. Gewiß, wir waren nicht einfach Großwildjäger, — diesen albernen Vergleich verbitte ich mir. Aber wir waren von unserer mythischen Funktion schon nicht mehr ganz überzeugt. Wir brachten die letzten Exemplare der Ungetüme zur Strecke, ohne eigentlich noch recht an ihren Höllencharakter zu glauben.

Wir befanden uns mit unserer Drachenkämpfermentalität in einer Krisis: wir fingen an, unsere Ideale zu diskutieren. Sie

34

waren uns fraglich geworden. Die Unsicherheit, in die wir dadurch gerieten, gefährdete unser kostspieliges Unternehmen oft mehr als das Ungeheuer selbst, dem wir zu Leibe rückten. Wir waren nicht mehr die naiven, ungebrochenen Drachenkämpfer, die alles Hassenswerte und Verabscheuungswürdige in das Monstrum hineinprojizierten.

Es gab unter uns natürlich auch noch solche primitiven Drachenkämpfer, die, unfähig zur Reflexion, die archaischen Ideale der Drachenzeit verabsolutierten. Anfangs gehörte ich auch zu den Konservativen, später hielt ich mich mehr zur fortschrittlichen Partei. Die Konservativen, die noch in der Überzahl waren, konnten sich ein Leben nicht ohne das Ungeheuer denken. Sie teilten die Welt in Drachen und Antidrachen ein. Der Drache war für sie ein Glaubensartikel geworden. Sie begriffen in ihrer einfältigen Drachengläubigkeit nicht, wie das, was die Drachen mythologisch verkörperten, zu einem anthropologischen Problem werden konnte. Für sie war es vor allem eine Frage des Prestiges; sie merkten nicht, daß sie an einen Popanz glaubten und daß sie ein Phantom bekämpften. Sie waren entschlossen, auch wenn die Ungeheuer ausgestorben sein sollten, trotzdem am Drachenglauben festzuhalten und ihm den Rang eines offiziellen Dogmas zu geben. So sorgten sie dafür, daß das Volk durch lauter obskure Drachenlegenden eingeschüchtert wurde, während wir selbst, die professionellen Drachenkämpfer, langwierige und teure Expeditionen unternehmen mußten, um irgendwo in unwegsamen fernen Provinzen die letzten Ungetüme aufzutreiben.

Wir, die Praktiker, konnten in ihnen nicht mehr den Feind, das metaphysische Ungeheuer unserer Überlieferung erkennen. Wir konnten sie nicht mehr hassen, wie man das Böse haßt. Das Böse, entdeckten wir, die fortschrittlich Gesinnten, ist bei weitem geheimnisvoller, komplizierter und daher schrecklicher, als wir bisher angenommen hatten. Im Sinne der Ultrakonservativen waren wir Ketzer: wir untergruben, so meinten sie, indem wir die Antidrachendoktrin bezweifelten, die öffentliche Ordnung und jede gesellschaftliche Moral. Denn wie sollte man das Volk künftig regieren, wenn nicht durch die Angst vor dem allgegenwärtigen Monstrum, dem Drachen? Man brauchte einen Popanz, um die Unmündigen zu terrorisieren und um sich selbst von der Drachenhaftigkeit aufs vorteilhafteste als elitäre Antidrachengesellschaft zu unterscheiden.

Komisch, nicht wahr? Warum lachen Sie nicht? Lachen Sie ruhig! Meine letzten Zuhörer, lachen Sie doch!

*Die letzten Zuhörer lachen.*

Eigentlich war es ja nicht zum Lachen. Mir jedenfalls verging das Lachen, als ich den Selbstbetrug, in dem wir lebten, zu durchschauen begann. Das geschah nicht auf einmal; es war ein Prozeß, eine schmerzliche Krisis. Ich hatte doch für die Drachenkämpferidee so und so oft mein Leben riskiert. Da wurde mir gerade auf dem Höhepunkt meiner Laufbahn eine grimmige Abfuhr erteilt. Wollen Sie hören, wie ich desillusioniert worden bin?

Hier, mit dem Blick auf das groteske Gerippe erzähle ich Ihnen meine Geschichte. Nein, keine ruhmreiche, vielmehr eine ziemlich blamable Geschichte. In gewisser Beziehung geschah es mir recht. Obwohl ich in meinem Innersten schon längst nicht mehr vom Sinn unserer Antidrachendoktrin überzeugt war, spielte ich doch noch mit. Es gab obendrein für mich keine Alternative; ich war im Glauben an die sogenannten ewigen Werte des Drachenkampfs aufgewachsen und erzogen worden. Auch hatte ich nichts anderes als die Beseitigung von Ungetümen gelernt. Also — Sie verstehen, nicht wahr? — ein Berufswechsel kam nicht in Frage, ich war festgelegt, ich war gezwungen fortzufahren in meinem Heldengeschäft.

Obendrein bot sich mir noch einmal eine glänzende Chance: In einem benachbarten Land war seit langem der Posten des regierenden Fürsten vakant. Der letzte Fürst war ein Opfer unserer Ideologie geworden. Ohne genügend vorbereitet und trainiert zu sein, hatte er sich in einer spontanen Anwandlung von Heroismus auf das äußerst riskante Abenteuer eines Drachenkampfes eingelassen und war dabei auf elende Weise ums Leben gekommen. Leider hatte er — zum Verhängnis des Fürstentums und der Fürstin — vor dem Aufbruch zu seinem ehrgeizigen Unternehmen die testamentarische Bestimmung getroffen, daß, im Falle seines Heldentods, allein derjenige das Fürstentum und die kinderlose Fürstin erben sollte, dem es gelänge, den Tod des Fürsten an dem Ungeheuer zu rächen.

Auf den hehren Rächer mußten Fürstentum und Fürstin allerdings vergeblich warten. Anfangs, als die Sache noch neu und sensationell war, stellten sich wohl mancherlei Interessenten ein und machten gewaltigen Wind, indem sie versprachen, das große Heldenwerk zu vollbringen, ohne sich ernsthaft zu engagieren, abgesehen von einigen Dilettanten, deren Versuche jedoch wortwörtlich im Sumpfe steckenblieben. Mit der Zeit wurden es immer weniger, die überhaupt an den Sinn eines solchen gefährlichen und im Grunde überflüssigen Experimentes glaubten. Zwar wurde Jahr für Jahr am Todestage des Fürsten der ungewöhnliche Gewinn wie bei einem Lotteriespiel ausgeschrieben; aber schließlich war niemand mehr davon überzeugt, daß sich auf diese Weise das Dilemma, in welches das Fürstentum durch das unselige Testament geraten war, beseitigen lasse.

Die provisorische Regierung besaß nicht genug Autorität, den politischen Niedergang des Fürstentums aufzuhalten; denn die Doktrin, das Warten auf den Drachenbesieger, lähmte jede vernünftige Reform. Anstatt sich endlich die Unhaltbarkeit der Antidrachendoktrin einzugestehen, verdächtigte man jeden, der auch nur den geringsten Zweifel äußerte, des Verrates an den heiligsten Gütern des Fürstentums. Der Drache war Glaubensartikel und Politikum zugleich; doch insgeheim rechnete keiner mehr mit der Erfüllung des illusionären Vertrags, auf welchen das Fürstentum und die Fürstin vereidigt waren. Die Lüge vergiftete das bürgerliche Leben in der von den Ideologen terrorisierten Residenz. Nicht der Drache in einer weit abgelegenen, unbewohnten Provinz bedrohte das Fürstentum; das Gefährliche, das Monströse versteckte sich vielmehr in der Doktrin, die die Menschen verdarb, indem sie den Haß auf das Monstrum als

Glaubenssatz proklamierte. So wurden die Menschen selbst monströs.

Es gab unter ihnen natürlich verständige, einsichtige Leute. Der Chef der provisorischen Regierung zum Beispiel, der einer heruntergekommenen Adelsfamilie entstammte, tat das unter diesen Umständen Menschenmögliche, um das Land vor dem totalen Ruin zu bewahren. Als er sich jedoch in irgendeiner Haushaltsdebatte allzu liberal über die seines Erachtens längst überholte Antidrachendoktrin äußerte, nutzten seine Gegner, die konservativen Anhänger der Doktrin, skrupellos die Gelegenheit aus, den an sich tüchtigen Verwaltungsmann politisch und privat zu diffamieren. Man bezichtigte ihn einerseits, einen Staatsstreich gegen die Verfassung geplant zu haben, und verdächtigte ihn andererseits der persönlichen Feigheit: Er beabsichtige, ohne die berühmte conditio sine qua non erfüllt zu haben, sich in den Besitz des Fürstenthrones und der Fürstin zu setzen. Mit dieser, der des Wartens längst überdrüssigen Fürstin, so wurde von einigen boshaft kolportiert, unterhalte er bereits insgeheim illegitime Beziehungen. Kurz, der alles in allem verdienstvolle Mann wurde dadurch zum Offenbarungseid gezwungen und mußte sich, obschon in keiner Weise prädisponiert, zur Wiederherstellung seiner Ehre dazu verpflichten, den Privatfeldzug gegen das Ungetüm zu unternehmen. Das heißt, man hatte ihn zu einem besseren Selbstmord verpflichtet und erhoffte sich davon zugleich eine Aufwertung der in Mißkredit geratenen Doktrin. Endlich konnte man dem Glauben wieder ein angemessenes Opfer bringen.

Und nun passen Sie auf, meine allerletzten Zuhörer, welch eine groteske Wendung — ich möchte sagen: Dank der gütigen und mitunter sogar spaßhaften Vorsehung — die Affäre nahm. Zur gleichen Zeit nämlich, als jener verzweifelte Verwaltungsfachmann aufgebrochen war, um sich im Kampf mit dem Drachen ein der Doktrin entsprechendes Ende zu bereiten, war ich meinerseits ebenfalls unterwegs, um diese letzte Chance wahrzunehmen, mir einen standesgemäßen Posten zu beschaffen. Ein besseres Angebot gab es nicht, und die große Epoche der Drachenkämpfe war sowieso bald vorüber.

Ich hatte gerade eine erfolgreiche Säuberungsaktion hinter mir und im Auftrag einer Antidrachenorganisation einige kleinere Ungeheuer beseitigt. So nahm ich die neue Aufgabe im Vertrauen auf meine erprobte Technik zuversichtlich in Angriff. Meine Herren, ich hatte mich gehörig geirrt: Der Drache war ein fürchterliches, ein wahrhaft ungeheuerliches Exemplar, größer und gräßlicher als alle Sorten, mit denen ich bisher zu tun gehabt hatte. Er war vom Kaliber des hier vor Ihnen ausgestellten Skeletts. Mich schaudert es noch jetzt.

Die Beschreibung der Schlächterei erspare ich mir mit Ihrer Erlaubnis. Hinterher war ich vollkommen fertig. Ich brach mir als Trophäe mit der Axt einige Zähne aus dem abscheulichen Vernichtungswerkzeug des Ungetüms und machte mich auf den Weg zur Residenz, um dort meinen Gewinn, mein Fürstentum mit der dazu gehörigen Fürstin, zu kassieren.

Ich hatte keine Eile. Ich legte einen Urlaub ein, um meine Verletzungen zu kurieren. Als ich wieder einigermaßen in Ordnung war, begab ich mich, voller Spannung auf das Fürstentum und die Fürstin, zum Regierungssitz ... Na, und? Erraten Sie nicht die Pointe meiner Geschichte? Ich kam also gerade zurecht, um an der Siegesfeier jenes von mir im übrigen hochgeschätzten Verwaltungsfachmannes teilzunehmen. Wieso Siegesfeier? fragen Sie. Nun, der abgeschnittene Kopf des Ungetüms hing als Trophäe, als unbezweifelbares Beweisstück seines siegreich beendeten Drachenkampfes zu Häupten des rehabilitierten und nun zum Fürsten avancierten Verwaltungsmannes, dem niemand ein solches Heldenkunststück zugetraut hatte und der sich nunmehr von seinen eingeschüchterten Gegnern umso triumphaler feiern ließ. Daß ein paar Zähne im klaffenden Gebiß des Ungeheuers fehlten, bemerkte natürlich keiner, und das hatte bestimmt auch er nicht bemerkt, als er, um des publizistischen Effektes willen, den Kopf des Monstrums an den Regierungssitz transportieren ließ.

Also Betrug! sagen Sie. Aber warum denn, meine Herrschaften? Wäre es nicht denkbar, daß er sich voller Verzweiflung und Todesverachtung auf das von mir bereits erlegte Ungeheuer, das er schlafend wähnte, stürzte? Vom Totalerfolg seines ersten Angriffs war er selbst vollkommen überrascht. Am Ende, nachdem er, ein schon etwas beleibter Mann, wieder Atem geschöpft hatte, enthauptete er in einem wahrhaft heroischen Kraftakt sein Ungetüm. Auf Ehre und Gewissen: Ich bin überzeugt, es war kein Betrug.

Möglich ist, daß er, weil er kein geborener Held und Drachenkämpfer war, in Augenblicken der Selbstkritik dem eigenen Sieg in der Tiefe seines durchaus redlichen Gemütes mißtraute. Umso besser, versichere ich Ihnen, regierte er. Er war sich dessen durchaus bewußt, daß ihn nicht der tote Drache, sondern seine Sachkenntnis zur Regierung legitimierte. Ich selbst hätte ihn nie ersetzen können. Im Ernst, ich habe ihm sein Fürstentum gegönnt ...

Ja, das war es denn, was ich erzählen wollte. Das war meine Geschichte. Reicht Ihnen das nicht? Sie meinen also, ich hätte nicht verzichten dürfen, ich hätte ganz anders auftreten müssen? Unter uns gesagt, ich habe es zunächst versucht. Natürlich, ich dachte: Was da hängt, ist ja schließlich mein Ungetüm, ich lasse mir meinen Drachen nicht nehmen, ich bin es doch auch der Wahrheit oder zumindest den Historikern schuldig, den Sachverhalt richtigzustellen. Immerhin, ich bin der Sieger; und es war ein verdammt schwerer Sieg. Warum ergreife ich nicht das Wort zu einer öffentlichen Erklärung?

Um ehrlich zu sein: Es fehlte mir an dem, was man Zivilcourage nennt. Ich hätte mich doch nur lächerlich gemacht. Außerdem war mir der Verwaltungsfachmann tatsächlich sympathisch. Ich wollte ihm keine Schwierigkeiten machen. Er war jetzt an der Reihe, und meine Zeit, das sagte ich mir, war vorbei. Der Verwaltungsfachmann hatte mit Recht die Antidrachendoktrin ad absurdum geführt. Ich hatte ja selbst nicht mehr daran geglaubt. Sollte ich um mein Recht auf das Ungetüm prozessieren?

Als ich später wegen Arbeitslosigkeit in finanzielle Bedrängnis geriet, beging ich leider den Fehler, doch noch beim Gericht meine Forderung anzumelden und einen Antrag auf Entschädigung zu stellen. Ich habe mich dabei aber nur blamiert. Und als ich zum Beweis mit meinen Drachenzähnen herausrückte, geriet ich sogar in den Verdacht, den Drachenschädel, ein öffentliches Eigentum, sozusagen ein nationales Monument, beschädigt zu haben. Jetzt ging es mir nur noch um mein Renommée. Ich versuchte bei mehreren Instanzen eine offizielle Anerkennung als Drachensieger zu erlangen. Ich wurde überall als Querulant bestenfalls unter Gelächter wieder davongeschickt. Keiner glaubte mir, daß ich der eigentliche Sieger bin — bis auf den heutigen Tag.

Da, schauen Sie sich hier die Drachenzähne, die Mordinstrumente an. Ich muß sie verstecken; denn wenn die Wächter, die Blechmarkenträger, die Raritäten bei mir entdecken, so werden sie mich verhaften. Die denken, ich habe das Museum beraubt. Das ist doch zum Lachen!

*Man lacht, — aber anders, als es der Redner gemeint hat. Inzwischen haben sich, durch das Gelächter angelockt, wiederum neue Museumsbesucher dazu gesellt und amüsieren sich ebenfalls — ahnungslos — über das sonderbare Betragen des Mannes, der wie ein unterstützungsbedürftiger Rentner aussieht. Der aber läßt sich nicht aus seiner Fassung bringen und beschließt mit großem Ernst seine Rede:*

Nicht wahr, Sie verraten mich nicht? Dafür vertraue ich Ihnen noch rasch etwas Allerletztes an. Ich habe mich zwar nicht mythologisch im Blute des Drachen gebadet; doch wischte ich mir aus Versehen die Augen mit meiner blutbesudelten Hand. Seitdem sind meine Augen auf fürchterliche Weise hellsichtig, drachensichtig geworden. Und so entdecke ich überall das Monströse als entmythologisiertes Phänomen. In irgendeinem ordinären Gesicht zum Beispiel gewahre ich die Fratze des Ungetüms. Ich sehe plötzlich, wie in einem banalen Büro am Telefon ein Ungeheuer agiert, hinter dem Bierkrug macht es sich breit, und vom Rednerpult stiert es mich mit seinen kleinen häßlichen Augen über einer brüllenden Fresse an: das Monstrum, das ich getötet zu haben meinte. Ich habe mich geirrt, meine Herrschaften, das Monstrum lebt!

Da kommen die Wächter! Sie suchen mich! Wo ist der Ausgang?

Noch einmal: Ich warne Sie! Lachen Sie nicht! Das Monstrum lebt!

*Unter dem höhnischen Gelächter des Publikums tritt der Redner den Rückzug vor seinen Verfolgern an. Da kommen auch schon aus dem Nebenraum drei Mann stark die alarmierten Wächter in Geschwindschritt anmarschiert, um gegen den Feind der musealen Ordnung einzuschreiten. Zu spät. Verärgert räumen daraufhin die drei den Saal von sämtlichen Besuchern. Proteste nützen nichts. An diesem Tage bleibt der Saal des Riesensauriers gesperrt.*

TAGUNGSTHEMA:
ODYSSEUS

*Eine Telefonzelle irgendwo in einem Postamt, wo es viele solche Telefonzellen gibt, ist die ganze Szenerie. Eingekapselt in das neutrale Gehäuse, sucht ein Mann, indem er die magische Scheibe dreht, einen Anschluß:*
Bitte, ist dort das Sekretariat der Akademie? Wie? Welche Akademie? ... Ich suche die Christliche Akademie oder etwas so ähnliches ... Meinetwegen: Evangelische oder Katholische Akademie, kann auch lauten: Kritische Akademie, vielleicht — das wäre ebenfalls möglich — Humanistische Akademie ... Ich meine einfach die Akademie, welche mich meint ... Hören Sie noch? Sind Sie noch da? ... Komisch ... Unterbrochen oder — abgehängt. Wahrscheinlich hatte ich falsch gewählt. Gut, ich werde es noch einmal versuchen.
*Er dreht die Zahlenscheibe, ein Zeichen ertönt.*
Besetzt ... Der Andrang scheint ziemlich groß zu sein. Kein Wunder! Das Tagungsthema ist aktuell, das geht jeden an, nicht nur die Experten: »Der Mensch als Tourist«. Das verspricht eine hochinteressante Tagung zu werden. Jeder ist heute, wenn er nicht gerade arbeiten muß, am liebsten Tourist. Er fährt mühelos weg, läßt sich wegfahren, wegfliegen, wegzaubern. Wohin? Das ist eine Kostenfrage. Hauptsache: Weg von hier! Auch weg von mir, weg von mir selbst? Da steckt das Problem: Der Mensch als Tourist. Natürlich, Tourismus gibt es erst, seitdem es keine Zyklopen und dergleichen mehr gibt. Die Welt der Touristen: eine Welt ohne Gefahr, ohne Zyklopen, ein wenig illusionär.
Ich will doch versuchen, den Tagungsleiter selbst zu erreichen. Ich könnte mir denken, daß ihm ein Diskussionsteilnehmer, wie ich es bin, nicht unwillkommen wäre. Ich habe Erfahrungen, ich habe immerhin meine Odyssee hinter mir, ein klassisches Modell. Das war allerdings keine Kreuzfahrt auf geplanter Route mit festgelegtem Programm. Zumindest: Ich weiß nicht, wer mich programmiert hat. Ein Kommentar zur Odyssee, meine ich, könnte die Diskussion beleben. Für die Diskussion brauchen sie ja immer ein belebendes Element, einen Menschen,

der Erfahrungen hat, einen, der über die richtigen Zyklopen Bescheid weiß. — Vielleicht bekomme ich jetzt den Anschluß.

*Er dreht die Scheibe, der Teilnehmer meldet sich mit seiner Nummer.*

Spreche ich mit der Akademie?

*Aus dem Telefon kommt die Bestätigung und die unausgesprochene Frage: Sie wünschen?)*

Es handelt sich um Ihre Tagung »Der Mensch als Tourist«. Ja, ich interessiere mich dafür. Könnten Sie mich bitte mit dem Tagungsleiter verbinden? Nur eine Anfrage, vielmehr eine Anregung ... Nein, ich bin nicht erreichbar. Ich habe keine eigene Nummer. Ich rufe aus einer öffentlichen Fernsprechzelle an ... Ich danke sehr, ja, ich kann warten ...

*Im Telefon wiederholt sich die abstrakte Aufforderung: Bitte warten ... Bitte warten ... Bitte warten ...*

Ja, ich warte noch ...

*Bitte warten.*

Ich habe mich noch immer nicht daran gewöhnt, daß solch ein Wort nicht zu beantworten ist.

*Bitte warten.*

Ich möchte sagen, eine Stimme ohne Gehör.

*Bitte warten.*

Nichts als mechanische Rede, doch keine Anrede.

*Bitte warten.*

Ich bin dem, was da redet, vollkommen gleichgültig.

*Bitte warten.*

Man weiß nie, wie lange ... Man könnte verzweifeln.

*Eine andere Stimme wird im Telefon hörbar: Ja, bitte, Sie wünschen?*

Endlich! Sie sind der Tagungsleiter, nicht wahr? ... Ich fühle mich nämlich durch das Thema Ihrer Tagung ganz persönlich angesprochen ... Ja, es betrifft mich. Ich habe einige interessante Informationen auf Lager. Über unterentwickelte Zyklopen und so weiter, also Erfahrungsmaterial einer Odyssee ... Ich finde, das gehört auch in die Tagung ... Verstehen Sie mich? Ich habe

nicht etwa das oberflächliche, horizontale Herumgereise im Sinn. Man müßte sich vielmehr auf die vertikale Erfahrung besinnen, zum Beispiel: Begegnungen in der Unterwelt ... Ich bitte noch einen Augenblick um Ihr Gehör ... Ja, ich werde mich kurz fassen ... Ich verstehe, Sie sind auf dem Sprung. Man müßte außerdem von Ithaka sprechen ... Nein, nein, ich rede nicht von einem Ferienzentrum. Sie haben mich völlig mißverstanden. Nichts Touristisches, auch nichts Archäologisches, im Gegenteil: Einfach die Heimkehr ist gemeint, die Ankunft bei sich selbst. Ich nannte es Ithaka. Ich stamme nämlich von Ithaka. Vielleicht sagt Ihnen mein Name etwas: Ich heiße Odysseus. So lautet mein Thema. Ich suche mich selbst ... Hören Sie noch?
*Aus dem Telefon ertönt das Besetztzeichen.*
Abgehängt ... Schade ... Ich habe mich wohl nicht richtig ausgedrückt. Man hat mich zwar oft wegen meiner Rednergabe gepriesen; doch sie versagt gewöhnlich, wenn es mich selber angeht. Ich bin niemals ein guter Anwalt meiner eigenen Sache gewesen. In meinen Erzählungen bin ich nur immer ein Anderer oder ein Niemand gewesen. Die vielen Geschichten, die man mir in den Mund gelegt hat, verheimlichen mehr von dem, was ich eigentlich bin, als sie schildern, was mir und wieviel mir auf meinen Irrfahrten begegnete. Ich bin für die Geschichtenerzähler ja nur der literarische Anlaß gewesen, von Welten, die sie selbst niemals erfahren haben, zu fabulieren. Es müßte endlich einmal zur Sprache kommen, wer ich wirklich bin. Ich möchte herausbekommen, was eigentlich hinter dem vielgesichtigen Odysseus steckt. Ich hatte gehofft, daß mir auf dieser Tagung dabei geholfen werden könnte, mich zu entschlüsseln. Ich dachte, dies würde vielleicht auch für die anderen ein hilfreiches Beispiel der Selbstentschlüsselung sein. Ein Beispiel? Nein, ich bin doch wohl ein allzu extremer Fall. Wenn man darüber nachdenkt ... Der Tagungsleiter hat wahrscheinlich gleich gemerkt, daß ich als Mann der Odyssee seine Touristik-Tagung sprengen würde. Ich hätte meine Begegnungen in der Unterwelt nicht erwähnen dürfen. Wahrscheinlich wäre ein Hinweis auf das Paradies der

Phäaken besser am Platze gewesen. Aber nein, ich lege meine Papiere lieber gleich offen auf den Tisch. Ich will dieser infamen Legende den Garaus machen, die mich zu einem alerten Abenteurer, einem doppelzüngigen Intriganten verfälscht hat. Also nichts von phäakischen Träumereien! In Wirklichkeit sind die Phäaken meine letzte Versuchung gewesen.

Wer Odysseus als Tagungsteilnehmer zuläßt, der sollte zu allererst wissen, daß er, der Vielgereiste, dereinst dem Geraune der Toten an acherontischen Ufern gelauscht hat ... O nein, obwohl ich sehr neugierig bin, ich wollte nicht; ich wurde von den Oberen dorthin beordert. — Wie soll ich das jedoch den Experten für Fragen der Touristik begreiflich machen? Man würde wahrscheinlich über mich lachen, nicht offen, nur hinter vorgehaltener Hand. Es ist ja eine christliche Akademie, nicht wahr, so sagte man mir doch? Aber die christliche Akademie wäre eigentlich zuständig für Reisende aus der Unterwelt. Wie kann man überhaupt von Touristik reden, wenn man nicht die Unterwelt in Betracht zieht. Wir bewegen uns auf einer dünnen Oberfläche. Unter uns rauschen die Wasser des Acheron, sie sikkern überall durch. Des Menschen Erde ist porös. Der Boden ist von Gräbern durchfurcht. Darum versammelten sich auch sogleich die Gestorbenen um mich, als ich das Opfer dargebracht hatte. Aber wie läßt sich das schildern? Und wer wird das ertragen? Denn wenn die Leute erst einmal gemerkt haben, wie zwischen den Trümmern und Ruinen unserer Vorwelt, an den Opferstätten der Geschichte, die Geister der Abgeschiedenen danach dürsten, von uns in Wahrheit wahrgenommen zu werden, dann wird den Leuten der Geschmack an ihrer Touristik gründlich verdorben und das Grauen der Vergangenheit wird sie überwältigen. Was ich sage, ist kein mythologischer Schmus. Ich bin auch nicht in eine christliche oder vielmehr höchst unchristliche Hölle gefahren, um eine jenseitige Strafanstalt im Stile Dantes zu besichtigen. Ich wurde zu den Toten hinabgeschickt, weil es für uns keine Zukunft gibt, bevor wir mit dem Vergangenen fertig geworden sind.

Ich mußte meine Anwesenheit, meine Existenz vor den Schwärmen der Toten verteidigen. Sie glaubten wohl, sie könnten ihr Leben erneuern, wenn sie von mir, von meinem Atem zehrten; sie haben sich an mich wie Blutegel gehängt. Ich bin sie nicht wieder losgeworden; die Abgeschiedenen zehren immerfort an meiner Existenz. Wenn ich es recht bedenke, bin ich selbst schon mehr unter den Abgeschiedenen als unter den Anwesenden gegenwärtig. Meine Gegenwart ist von lauter Vergangenheiten umstellt, ist eingeengt, ist schon wie abgeschnitten vom schmalen Ausgang zur Zukunft. Ich schulde den Abgeschiedenen nicht weniger als mich selbst, ihnen, den Verschollenen, den Verlorenen, allen meinen Gefährten, von denen ich als der einzige übrig geblieben bin. Warum ich? Ich bin zur Rede gestellt: Warum Du? Du hast für uns die Verantwortung getragen: du hast uns geführt, du hast uns zu deiner Irrfahrt verführt. Wir sind die Opfer deiner Neugier, deiner Abenteuer geworden. Dein Hochmut hat über uns das Verhängnis beschworen. Du hast die Zyklopen verhöhnt und die Götter beleidigt. Mit deiner Schläue hast du dich nur selbst zu retten vermocht; wir anderen sind elend ersoffen, unrühmlich als Opfer der Skylla und als Fraß des Zyklopen verreckt. Wir irren umher an acherontischen Ufern und wollen wissen: warum? Wir dürsten nach Antwort: was ist der Sinn unseres Schicksals, unseres jämmerlichen Verrecktseins? Warum, weswegen, wieso?

Ja, was ist der Sinn dieser verzweifelten Irrfahrt? Werden mir die Touristik-Experten, die Theologen der Touristik darüber Auskunft geben können? Vielleicht sollte ich es lieber auf einer anderen Tagung versuchen, um die Schatten loszuwerden, die sich immer wieder von neuem um mich verdichten. Auch die Heimkehr nach Ithaka brachte mir keine Erlösung. Ich erschien dort selbst wie ein Schatten aus dem Schattenland. Man hatte mich abgeschrieben und unter legendären Geschichten wie unter lauter Kränzen begraben. Man hatte mich längst zu Tode gesungen. Ich war zur Sage geworden, und meine Wiederkehr in die Gegenwart war absurd. Ich hatte Troja erobert, aber Ithaka, meine Heimat, an die Schmarotzer, die Bonzen, die Nutznießer meines Elends verloren.

Als ich, ein Bettler unter Bettlern, an der Schwelle meines ruinierten Hauses kauerte, zweifelnd, ob irgendeiner mich erkennen, mich anerkennen werde, voller Skrupel, ob mich ein Blutbad unter denen, die sich in meinem Hause eingenistet hatten, vor meinem Volk legitimieren könnte, — wahrhaftig, in diesem Augenblick des Zögerns war ich bereit, wieder davonzugehen und mich zurückzuziehen in meine eigene Legende. Warum sollte ich die Mühsal auf mich nehmen, von neuem eine provinzielle Existenz zu führen, eine verrottete Wirtschaft in Ordnung zu bringen, mich wieder an die altgewordene Penelope zu gewöhnen und auf meinen eigenen Tod zu warten? Plötzlich schauderte es mich vor dem Altern. Ich dachte an Flucht, bevor ich endgültig angekommen sein würde im banalen Einerlei der Tage. Der Held würde sich bald als ein ordinärer Zeitgenosse entpuppen. Der trojanischen Kriegserinnerungen würde man allmählich überdrüssig werden. Hatte die junge Generation, Telemachos mit seinen Gefährten, nicht längst die Ideologie unseres trojanischen Unternehmens als verlogen durchschaut? Würde man nicht respektlos und gezielt nach unseren Motiven fragen, der unsauberen Verquickung von Machtpolitik und moralischer Emotion mißtrauend?

Im Programm einer Akademie habe ich neulich gelesen, daß sie demnächst auch eine Tagung über Probleme der jungen Generation plant ... Richtig, da steht es: »Die skeptische Generation, eine Tagung für junge Erwachsene«, — für Telemachos also und nicht für mich, seinen Vater. Dennoch wäre ich gern dabei. Eine Anfrage dürfte doch wohl erlaubt sein. Hier ist die Telefon-Nummer.

*Er wählt die Nummer, der Teilnehmer meldet sich.*

Gestatten Sie bitte eine Anfrage! Ich würde gern die Tagung über »Die skeptische Generation« besuchen ... Ja, ich verstehe ... Ein Forum für junge Erwachsene ... Nein, um ehrlich zu sein, ich bin darüber hinaus. Aber ich rufe an, weil ich fragen möchte, ob es nicht doch erlaubt ist, als einfacher Zuhörer ... Ich verspreche Ihnen, wirklich, kein Wort im Plenum ... Ich bin — verzeihen Sie — ein ungewöhnlicher Fall. Hören Sie? Nach zwanzig Jahren die erste Begegnung mit meinem erwachsenen, mir entfremdeten Sohn. Ich kam aus dem Krieg ... Zehn Jahre im Feld und danach eine zehnjährige Irrfahrt, eine Odyssee. Sie können sich denken ... Hören Sie noch? ... Der Akademiedirektor? Ja, bitte, verbinden Sie mich mit ihm, ich warte.

*Im Telefon wiederholt sich die automatische Aufforderung: Bitte warten ... Bitte warten ...*

Soll ich noch warten?

*Bitte warten.*

Bitte sehr.

*Eine Stimme wird undeutlich im Telefon hörbar.*

Spreche ich mit dem Direktor der Akademie? Ich habe eine Anfrage, eine Bitte. Wegen der Tagung »Die skeptische Generation« ... Ja, mir wurde bereits gesagt: Forum für junge Erwachsene, für Telemachos und seine skeptischen Altersgenossen. Gestatten Sie mir, dem Vater des Telemachos, indessen die Frage: Ist Skepsis der Jugend vorbehalten? Ich weiß nicht. Man sollte skeptisch sein auch gegenüber der eigenen Skepsis. Man müßte unterscheiden: Es gibt eine hochmütige und eine demütige Skepsis. Darüber müßte man sich mit Telemachos unterhalten. Es gibt die Skepsis der Schuldlosen und die der Schuldigen. Ich bin einer von diesen; ich habe Troja zerstört ... Ja, so sagte ich: Ich bin der Erfinder jener Höllenmaschine, ohne die wir die Festung nie erobert hätten. Das Trojanische Pferd, eine verfluchte Erfindung ... Hören Sie? Eine verfluchte Erfindung — wir sind unterbrochen.

*Aus dem Telefon ertönt das Besetztzeichen.*

Was ist los? Wir sind unterbrochen ... Wieder umsonst! Warum wurden wir unterbrochen? Warum hört man mich nicht bis zum Ende an? —

Ich wollte doch noch erklären: Auf dem Höhepunkt meiner Laufbahn war ich am wenigsten einverstanden mit dem, was ich tat. Es war nicht fair, das hölzerne Pferd: eine Mißgeburt aus Mythos und Rationalität. Wir wußten es: Der Krieg war in offener Schlacht nicht mehr zu gewinnen. Es gab nur die Alternative einer Geheimdienstaktion. Ich plante — zunächst nur zum Spiel — die Höllenmaschine. Doch einmal gedacht, war das Projekt nicht wieder rückgängig zu machen. Ich war mit mir selber entzweit. Das Kommandounternehmen, sobald es ernst damit wurde, widerte mich an. Nur noch mein technischer Intellekt war daran beteiligt.

Die Sache der Griechen war mir schon lange suspekt. Thersites, das rebellische Lästermaul, hatte recht. Ich verprügelte ihn, weil ich mich ärgerte, daß diese ekelhafte Kröte im Recht war. Unsere Strafexpedition war gescheitert. Ich selbst sympathisierte im Herzen, ohne es mir einzugestehen, mit den Trojanern. Freilich, als es dann soweit war und wir im Bauch des künstlichen Ungeheuers kauerten, geballte Mordkraft im Innern der höllischen Konstruktion, gab es nicht Zeit mehr für subtile Gewissenserwägungen. Ich war Kommandant der heimtückischen Operation. Sie verlangte die äußerste militärische Disziplin für ein kalkuliertes Verbrechen. Wir richteten dann ein perfektes Blutbad an. Der Automatismus der Grausamkeit verwandelte mich in eine empfindungslose Maschine des Tötens. Wir haben mit unseren Waffen vergleichsweise die Vernichtung genauso gründlich betrieben, wie man sie heute etwa in Vietnam betreibt.

Es war ein ekelhafter, absurder Sieg. Der Sieg beseitigte den letzten Rest von Sinn, den diese Invasion vielleicht gehabt haben mochte, als unsere Flotte um der entführten Helena willen ihren Kurs nach Osten steuerte. Helena? Sie war nur eine Chiffre für das griechische Prestige. Die Zerstörung Trojas war eine Demonstration des Selbstbetrugs. Dieses letzte Massaker bemäntelte unseren militärischen und moralischen Bankrott. Wir hatten tabula rasa gemacht. Warum und wozu? Wir wußten es nicht. Als wir die nach Verwesung stinkende Trümmerstätte verließen, tränten mir die Augen von dem Rauch, aber auch von der Enttäuschung; denn alles war umsonst. Ich erkannte die Nichtigkeit unserer hellenischen Arroganz gegenüber dem asiatischen Troja. Wir hatten uns praktisch als Nihilisten aufgeführt, obwohl wir mit dem moralischen Anspruch, Zuchtrute der Gottheit zu sein, einen gerechten Krieg unternommen zu haben behaupteten.

Mit dem gleichen oder — ich weiß nicht — mit noch größerem Recht appellierten die vom Kriege heimgesuchten Trojaner gegen die griechischen Aggressoren an die göttlichen Mächte. Nicht wahr, die Rolle, die man den himmlischen Herrschaften bei dieser Auseinandersetzung zugeschrieben hat, ist miserabel: Man hat sie zu Parteikommissaren, zu Agenten, zu Saboteuren erniedrigt, zu Drahtziehern, die ihre privaten Rivalitäten austrugen, indem sie ihre Schutzbefohlenen aufeinander hetzten und gegeneinander ausspielten. Die Methode erinnert mich an Hahnenkämpfe. Ich selbst hatte sehr unter diesen internen Differenzen meiner himmlischen Obrigkeit zu leiden. Doch besteht für Sie, meine christlichen Freunde, kein Grund, sich über uns zu mokieren. Sie haben Ihre Höllenmaschinen ja auch im Namen Ihres Gottes, Ihres himmlischen Parteivorsitzenden, explodieren lassen und sich um den Segen Ihres Erlösers für Ihre Vernichtungsaktionen bemüht.

Vor mir liegt das Programm einer Tagung, zu der die Lutherische Akademie nach St. Martin einlädt. Ich verstehe zwar nicht recht, was mit dem Thema gemeint ist: »Die Lehre von den zwei Reichen im Lichte heutiger Geschichtserfahrung«. Mir schiene es passender, von der Finsternis heutiger Geschichtserfahrung zu sprechen. Wie dem auch sei! Einem erprobten Städtezertrümmerer dürfte es doch wohl mitzureden erlaubt sein. Ich bin neugierig, ob diese Lehre mir aus meiner tiefen Verzweiflung am Sinn der Geschichte hilft. Gut, die Telefonnummer der Akademie: 31101517 ... Was für ein hintergründiges Zahlenspiel! 31. 10. 1517 — Beginn der Reformation, Introitus der Glaubensspaltung, Signal zum Glaubenskrieg. Dr. Luther hat zwar mit mönchischem Eigensinn gegen unseren

Homer und seine poetische Glorifizierung des Angriffskriegs gegen Troja geeifert und den sagenhaften Rhapsoden als einen gefährlichen Anstifter zur Grausamkeit, zum Verbrechen, zur mörderischen Tyrannei verworfen. Schön und gut! Doch finde ich seinen eigenen, ich meine Dr. Luthers Aufruf zur Liquidierung der verzweifelt rebellierenden Bauern, ehrlich gesagt, noch viel barbarischer, »ita ut periculum sit christiano homini« ... also: eine Gefahr für die christliche Seele. Ich habe als ein unmittelbar Betroffener Luthers antihomerischen Bannspruch natürlich mit großer Aufmerksamkeit geprüft, ebenso wie mich andererseits die viel früheren Versuche, mein persönliches Schicksal, meine Legende im Geiste der christlichen Botschaft zu deuten, um nicht zu sagen: umzudeuten, sehr nachdenklich stimmen. Nebenbei, vielmehr, nicht nur nebenbei bemerkt: Wir selbst, die für die trojanische Strafexpedition Verantwortlichen, sind mit der homerischen Interpretation jener unglücklichen Ereignisse keineswegs in allen Punkten einverstanden. Doch zurück zu Luther, zur lutherischen Akademie! Vielleicht habe ich diesmal endlich Erfolg mit meinem Anruf.

*Er dreht die Scheibe.*

Drei-eins-eins-null-eins-fünf-eins-sieben ...

*Eine Stimme meldet sich im Apparat.*

Spreche ich mit dem Sekretariat der lutherischen Akademie? — Ich würde gerne Ihre Tagung in St. Martin über »Die Lehre von den zwei Reichen« besuchen. Ich hoffe, es ist noch ein Platz für mich frei ... So? ... Ach, das ist bedauerlich ... Wenn ich fragen darf, warum? ... Aha, ich verstehe, Kollision mit anderen Veranstaltungen ... Und wenig Interesse an Luthers Theologie ... Wollen Sie es nicht doch zu einem späteren Termin damit versuchen? ... Im übrigen, wenn ich raten darf, laden Sie Zeugen heutiger Geschichtserfahrung ein, zum Beispiel: Lassen Sie über Vietnam berichten! Garantiert, Sie bekommen die Jugend. In ihrem Programm vermißt man wahrscheinlich die Dokumentation. Zuviel Theologie, ich will sagen: Zuviel Selbstrechtfertigung der Theologie! Bringen Sie stattdessen Anschauungsmaterial, zeigen Sie Bilder, zum Beispiel die Wirkung eines Bombenteppichs oder Aufnahmen aus Hiroshima! ...

So, finden Sie? Aber gerade deshalb! Für mich ist sogar Troja noch immer aktuell ... Jawohl, Troja! Sie haben richtig gehört. Ich bin bereit, Ihnen das Massaker im eroberten Troja zu schildern, ich bin Augenzeuge, ich bin Mitschuldiger. Wir haben Frauen und Kinder gemetzelt und die Wehrlosen auf den Stufen der Altäre erwürgt. Wir haben die Tempel in Schlachthäuser verwandelt, wir, ich, ein Mörder in prangendem Kriegsschmuck, ein Kriegsverbrecher. Ich bitte um das Wort, ganz unhomerisch ... Knacks, aus: Die Tagung fällt aus. Troja kommt nicht zur Sprache, auch mit Hiroshima ist man fertig und mit Vietnam ist man sich abzufinden im Begriff. Man versteht sich dennoch gut-christlich. Ich vermute eine Art Bewußtseinsspaltung. Vielleicht hat das mit den zwei Reichen zu tun?

Zugegeben, man kann nicht immerfort absurd und tragisch fühlen. So oder so muß man mit seinen Bomben leben! Leben besteht zur Hälfte aus Vergessen und Vergessenheit. Ja, Leben: mit Frauen schlafen, es sich schmecken lassen, sich berauschen, ungeschichtlich, unberührt von dem Gesetz des Werdens, unverbindlich, einfach in der Gnade des Seins ... Ogygia ... Ogygia. Sieh an, da bin ich doch wieder bei den Fragen und Fraglichkeiten der Touristik angelangt. Sollte ich es nicht doch noch einmal bei der Touristik-Akademie versuchen? Ich könnte anrufen und könnte sagen: Ich habe es mir überlegt, das Thema hat verschiedene Aspekte, ich mache einen anderen Vorschlag. Ich verzichte auf das Referat über die Exkursion in die Unterwelt. Ich werde Sie auch nicht durch Zyklopengeschichten schockieren, noch mit den Greueln trojanischer und anderer Kriege konfrontieren. Ich lade Sie dafür zur Fahrt nach Ogygia, auf die Trauminsel, ein. Sie, meine werten Touristen, so werde ich sagen, Sie träumen doch alle von einem Ogygia, nicht wahr? Wie sollte ich das nicht verstehen!

Ich selbst habe viele Jahre in Ogygia verträumt, dem Schiffbruch der Geschichte entronnen, überdrüssig meiner eigenen politischen und militärischen Existenz, der gesellschaftlichen Verantwortung müde. Erwarten Sie bitte keinen Lichtbildervortrag über ein Eiland mit paradiesischer Vegetation inmitten einer immer blauen milden See wie auf einem Reiseprospekt. Ogygia ist nicht photographierbar — und erst recht nicht Kalypso! Kalypso? Meine Gastgeberin. Bei ihr fand ich Frieden. Sie heilte mich von meinen Problemen. Sie selbst war völlig problemlos, unveränderlich schön und immer zur Liebe bereit. Sie verlangte von mir nichts als die Befriedigung ihres elementaren sexuellen Triebs. Es war die Sexualität einer Halbgöttin. Als Halbgöttin hatte sie keine Biographie. Ihre Zeit verlief im Kreis, und sie selbst kreiste immerfort um das eine, um den reinen, rituell vollzogenen Liebesakt.

Ich versichere Ihnen, sie war ein Phänomen, das mir allerdings gerade in seiner Problemlosigkeit allmählich unheimlich wurde. Sie spürte ihrerseits in mir etwas Widerstrebendes, meine noch unbewältigte Vergangenheit und meine noch nicht vergessene Zukunft. Sie versuchte alles, um mich — wie soll ich es nennen? — zu neutralisieren und ebenfalls in reine Geschlechtlichkeit zu verwandeln. Sie hatte, wie sie mir selbst in naiver Offenherzigkeit eingestand, bei den oberen, olympischen Instanzen die Verleihung der Unsterblichkeit, also gleichbleibender Jugend und nie sich mindernder Potenz für mich beantragt. Natürlich bedurfte es auch meiner eigenen Zustimmung, und sie bot all ihr Raffinement auf, um die Einwilligung mir abzuschmeicheln. Ihre Liebeskünste waren wirklich unvergleichlich.

Begreifen Sie? Welche Chance für mich, und welche Versuchung! Ich wäre meine Vergangenheit mit einem Schlage losgeworden, alle ekelhaften, aber auch alle angenehmen und ehrenhaften Erinnerungen. Mich würde keine Zukunft mehr ängstigen: das Wiedersehen mit der gealterten, mir entfremdeten Penelope, die Auseinandersetzungen mit Telemachos, der jungen Generation, die blutige Mühsal der Wiederherstellung meiner Autorität auf Ithaka. Wußte ich denn, was mir bevorstand? Kaum anzunehmen, daß ich, der Spätheimkehrer, auf Ithaka willkommen war. Könnte es mir nicht ebenso wie König Agamemnon gehen? Der hatte zwar die gesamte griechische Streitmacht aufgeboten, um seine Schwägerin, die mit dem Trojanerprinzen durchgebrannte Helena, zurückzuerobern. Dafür wurde er aber selbst bei der Heimkehr von seiner eigenen Frau und ihrem Geliebten umgebracht. Was hatte ich zu erwarten? Wozu diese ganze heillose Lebensgeschichte von neuem beginnen? Ich hatte das Mensch-Sein zur Genüge ausprobiert, oder umgekehrt: man hatte an mir zur Genüge herumprobiert.

Platon hat mir mit seiner spöttischen Kritik großes Unrecht getan. In seinen Augen bin ich ein ebenso gewissenloser wie liederlicher Vagabund. In seinen philosophischen Zwangsstaat, das gebe ich zu, hätte ich freilich nicht hineingepaßt. Gewisse Kirchenväter haben für das Rätselhafte meines Schicksals ein tieferes Verständnis aufgebracht. Philologisch trifft sicherlich ihre Deutung meines Namens nicht zu, wonach ich der »Fremdling aller Dinge« sei. Doch spricht sich darin eine richtige Vermutung aus.

Ich selbst glaube mich weniger im Chef des Kommandounternehmens ›Trojanisches Pferd‹ zu erkennen, als in dem, der, an den Mast seines Schiffes gebunden, als Hörender und Wissender an den Klippen der Sirenen entlangsteuerte, eingeweiht in die schauerliche und süße Melodie des Lebens. Manche haben sogar den Mast meines Schiffes mit einem Kreuz verglichen. Dies mag eine philosophische Übertreibung sein, obschon ... Ja, das ist richtig, ich hänge noch immer am Mast meines Schiffes und treibe noch immer zwischen den Mächten, die Anspruch auf mich erheben, dahin.

Ich habe es so gewollt. Ich verweigerte die Todlosigkeit. Ich hielt es nicht aus auf dem geschichtslosen Eiland Ogygia. Schließlich empfand ich dies Insel-Glück, so würde ich heute sagen, — als Kitsch, und Kalypso, die Halbgöttin, hat mich am Ende gelangweilt. Sie war nichts als ein schönes Modell, ein olympisches Mannequin. Ich hatte mich für meine Sterblichkeit, für die Fortsetzung meiner Lebensgeschichte entschieden. Ich willigte in alle mir drohenden Demütigungen ein. Ich war bereit, mich von neuem über die Meere jagen zu lassen. Ich wählte den immerfort sich wiederholenden Aufbruch.

Und so befinde ich mich nach wie vor unterwegs, ausgesetzt den vielfältigen Stimmen — wie damals, als ich unverschlossenen Ohres die Sirenen passierte und meinen Kurs zwischen Skylla und Charybdis nahm. Kein Hafen hält mich. Ich bin außerstande, mich ein für alle Mal an einem Punkte festzulegen. Ich werde noch immer von allen Winden und Widrigkeiten heimgesucht. Ich bin das Streitobjekt, aber auch der Partner der Mächtigen. Ich bin der Diskutierende, nein, ich bin der Diskutierte, bin das Thema Ihrer Diskussion, der Dulder Odysseus, ein Fremdling aller Dinge, höchst widerspruchsvoll. Ich bitte um das Wort, nicht um in irgendeiner Sache recht zu behalten. Ich möchte einfach wahrgenommen werden; denn meine Odyssee ist noch längst nicht zu Ende. Ich bitte, denken Sie mit mir darüber nach, wer diese Odyssee programmiert haben könnte.

*Er dreht von neuem die magische Scheibe. Eine Nummer meldet sich im Telefon.*

Ist dort die christliche Akademie? . . . Ja, eine wichtige, eine für mich lebenswichtige Frage!

*Im Telefon wiederholt sich die abstrakte Aufforderung: Bitte warten.*

Ich bin Odysseus!!

*Bitte warten.*

Nein!

*Er schreit in das Telefon hinein:*

Ich kann nicht mehr warten!

*Bitte warten . . . Bitte warten . . .*

# DIE KRÄHEN

*Ein kahler Acker neben der Straße und in der Ferne die Umrisse einer modernen Stadt mit Industriegebäuden, rauchenden Schloten, Antennen, — so etwa ist die Umgebung zu denken, in welcher Antigone auftaucht. Dazu gehört aber vor allem ein Schwarm schwarzer Krähen, der sich auf dem Acker zu schaffen macht und sich in wildem Durcheinander vom Boden erhebt, als das Motorrad angeknattert kommt. Plötzlich setzt der Motor aus, und in der darauffolgenden Stille wird das gehässige Krächzen der Krähen vernehmbar. Die beiden jungen Menschen sind von dem Motorrad abgestiegen. Heiner schiebt die Maschine an den Straßenrand und untersucht den defekten Motor. Antigone hat sich in's Gras des Straßengrabens geworfen. Einzelne Krähen streichen dicht über die jungen Menschen weg, bevor sie sich erneut auf dem Acker niederlassen. Während Heiner in aller Ruhe sein Moped repariert, macht Antigone ihrer Ungeduld und ihrem Ärger Luft:*

Verdammte Kiste! Das ist nun schon die zweite Panne mit deinem Motorrad! Wir müssen uns in der Stadt sofort ein Auto beschaffen. Dein Moped, Heiner, ist Dreck, völlig ungeeignet für unsere Aktion.

Ich hoffe, die Gruppe hat inzwischen Kontakt mit einem Profi aufgenommen, der Autos zu knacken versteht. Ohne Auto sind wir aufgeschmissen, aktionsunfähig. Wir brauchen mindestens zwei, am besten drei Autos.

Deine Angst, Heiner, vor dem Kontakt mit einem Professionellen ist typisch bürgerlich. Wieso geraten wir dadurch ins Kriminelle? Ich finde nicht, daß unser politisches Prinzip davon berührt wird. Autoknacken ist einfach ein neutraler technischer Trick. Einen Wert erhält der technische Vorgang erst durch unser politisches Ziel. Wir bedienen uns des Spezialisten, um unser politisches Ziel zu erreichen. Das ist legitim. Mich interessiert dabei lediglich, ob der Spezialist sein Handwerk versteht. Ob es ein Krimineller ist, das ist mir egal. Wir wollen ein Mitglied unserer Gruppe befreien, und dafür ist mir jedes Mittel recht. Mir jedenfalls! Aber dir sind deine bourgeoisen Skrupel offenbar wichtiger als Paul, der im Knast malträtiert wird. Oder nicht?

Na gut, du brauchst mir jetzt keine Antwort zu geben. Sieh zu, daß du die Kiste rasch wieder in Gang bringst!

Wir müssen das später in der Gruppe miteinander durchdiskutieren. Es ist wichtig, daß sich jeder von uns darüber im Klaren ist: Wir sind illegal, aber nicht kriminell, wie die faschistische Presse von uns behauptet. Die Gesellschaft zwingt uns zur Illegalität, und insofern ist die Gesellschaft kriminell. Die Struktur unserer Gesellschaft ist eine kriminelle Struktur. Verstehst du? Ihre Profitgier verdirbt den Einzelnen. Bei aller formellen Legalität ist der Einzelne an den Verbrechen der ausbeuterischen Gesellschaft beteiligt. Ohne es zu wissen, ist er kriminell. Wir müssen ihm zum Bewußtsein seiner Mitschuld an den Verbrechen der kapitalistischen Gesellschaft verhelfen. Das zwingt uns zur Illegalität.

Es tut mir wirklich leid, daß ich dir nicht helfen kann, Heiner, dein verdammtes Moped wieder in Ordnung zu bringen. Du weißt, ich bin von Anfang an dagegen gewesen, das Moped zu nehmen. Du sagst, das Moped ist sportlich. Das ist doch Quatsch! Wir machen nicht Sport, sondern Revolution.

Stört dich mein Reden? Ich kann auch den Mund halten, wenn es sein muß. Ich will versuchen, vor mich hin zu dösen. Ich möchte nicht, daß du nachher sagst, Antigone hat mich durch ihr Gerede verrückt gemacht, und darum waren wir nicht pünktlich zur Stelle. Andererseits werde ich selbst nervös, wenn ich dir stumm bei deinem Gefummel an der Maschine zusehen muß. Entschuldige, ich denke zuviel an unseren Kameraden im Knast. Daher gelingt mir auch nicht mehr das einfache Dösen.

Die Landschaft ist eigentlich hübsch. Man könnte sie beinahe lieben. Es wäre schön, ohne Hintergedanken die Natur genießen zu können, zusammen in der Wiese zu liegen ... Aber ich bin dafür durch Vietnam und Biafra verdorben.

Unsere Greise verstehen das nicht und halten uns für unnatürlich, für überspannt. Mich wundert nur, daß ihnen der Rauch der Verbrennungsöfen von Auschwitz nicht ein für alle Mal den Atem verschlagen hat. Man kann mit ihnen nicht diskutieren. Sie sind sowieso schon fast nicht mehr hier. Wir aber müssen in dieser Welt weiterleben, in der jeden Tag wieder so etwas wie Auschwitz oder Hiroshima oder Vietnam passieren kann. Da vergeht einem die lyrische Lust an der Landschaft.

Obendrein stört mich das Krächzen der Krähen. Widerliche Vögel! Wahrscheinlich haben sie auf dem Acker irgendetwas Verwesendes entdeckt und versammeln sich um einen Kadaver.

Siehst du, das ist es, was mich niemals zur Ruhe kommen läßt. Meine Schwester betäubt sich mit Drogen; am Ende versucht sie es noch mit der Jesus-Welle. Mich aber verfolgt immerfort das Krächzen der Krähen. Ich denke dann jedesmal an meinen Bruder, den man draußen auf freiem Felde verwesen ließ.

Der bösartige alte Diktator dachte nur an seine Autorität, und die indifferenten Biedermänner von Theben bibberten bei jeder seiner dreckigen Reden. Die wagten nicht einmal einen Protest, als ihnen die Hunde Leichenteile vor die Haustür schleppten und sich die Aasvögel mit dem Fraß auf ihren Dächern niederließen.

Habe ich dir das nicht schon einmal erzählt? Nun gut, du brauchst mir ja nicht zuzuhören, Heiner. Ich muß mir das aber hin und wieder selbst erzählen, damit ich begreife, warum Antigone der Roten Zelle beigetreten ist. Man zitiert von mir gewöhnlich nur den einen Satz: »Nicht mitzuhassen, mitzulieben bin ich da.« Man will mich verfälschen. Zu dem Satz bekenne ich mich auch noch heute. Es soll mir nur keiner etwas sentimental Karitatives daraus machen! Mit meiner Art Liebe meine ich Widerstand.

Ist dir das klar? Ach laß nur, Heiner, du hast überhaupt nicht zugehört. Ist auch gut. Fummele nur an deinem Motor. Ich werde weiter in der Geschichte stöbern. Ich habe mir das so angewöhnt, seitdem ich eingekerkert gewesen bin. Ich kann nicht anders, ich muß mich selbst analysieren. Ich bin mißtrauisch gegen Gefühle.

In deiner bourgeoisen Familie hat man sich eine Frau wohl auch ganz anders vorgestellt, wie? Mir genügte es nicht, nur mit Worten zu lieben wie meine infantile Schwester Ismene. Ich war entschlossen, etwas zu tun, um dem lähmenden Gefühl der Trauer und der Beschämung nicht zu erliegen. Meine Art Liebe verlangte nach einer Aktion. Ich wehrte mich gegen das Gesetz der totalitären Herrschaft, das mir verbieten wollte, meinen gefallenen Bruder zu lieben.

Klar, Polyneikes war ein Rebell; für Kreon, den miesen alten Despoten von Theben, war er ein Landesverräter, ein Verbrecher, ein Scheißhund. Darum befahl er, ihn und seine gefallenen Kameraden unbeerdigt auf dem Schlachtfeld vor der Stadt wie Aas verwesen zu lassen.

Je genauer ich darüber nachdenke, desto besser begreife ich, daß Polyneikes von Anfang an das Richtige tat, als er mit seinen Bundesgenossen gegen die eigene Vaterstadt zu Felde zog. Der wahre Patriot, das weiß ich heute, ist Polyneikes gewesen, der aus Protest gegen Kreons diktatorisches Regime ins Ausland gegangen war. Und die anderen alle, die ganze Gesellschaft, die Kreon Gehorsam leistete, das waren die eigentlichen Verräter. Sie verrieten die Sache der Freiheit und der Gerechtigkeit. Als sie die Mauern Thebens gegen Polyneikes und die Armee seiner Bundesgenossen verteidigten, da haben sie nicht das Vaterland verteidigt, sondern den Verderber des Vaterlands.

Du mußt nicht denken, Heiner, daß unsereiner das sofort durchschauen konnte. Ich bin erst in einem langen Lernprozeß zur Erkenntnis gelangt: Vaterland ohne Gerechtigkeit und Humanität ist ein Nonsens. Man hatte uns im unbedingten Gehorsam gegenüber der Ordnung und Selbstherrlichkeit des Staates erzogen. Bei Onkel Kreon, dem König, in dessen Hause meine Geschwister und ich aufgewachsen sind, schien immer alles in bester Ordnung zu sein. Von unseren Eltern sprach man im Hause Onkel Kreons möglichst nicht und immer nur, wenn man uns einschüchtern und demütigen wollte; dann machte man gehässige Anspielungen auf das Unglück unserer Eltern; dann warnte man uns, indem man von dem ungezügelten und aufsässigen Charakter unseres Vaters sprach und, ohne auf die Sache direkt einzugehen, uns an unsere sündhafte Herkunft erinnerte.

Kreon, dieser autoritäre Spießer, fand sich und seine engherzige Moral immer wieder aufs schönste gerechtfertigt, wenn sich ein Anlaß bot, in unserer Familientragödie wie im Dreck zu wühlen. Vergeßt es nur ja nicht, so gab er uns in seiner verlogenen, onkelhaften Manier zu verstehen, daß eure Existenz in der furchtbaren Schuld eures Vaters wurzelt. Ihr verdankt euer Dasein einem Verbrechen. Und deshalb seid ihr mehr als jeder andere zu Gehorsam, Sittenstrenge und Frömmigkeit verpflichtet. Ihr habt in unnachsichtiger Selbstdisziplin das Labdakidenerbe des Vaters — er schluckte jedes Mal, als müßte er sich Mühe geben, nicht zu sagen: das Erbe eines Vatermörders — zu unterdrücken. Ohne mich, euren Onkel und Souverän, ohne meine Gnade und Autorität seid ihr schlechterdings nichts. Kraft meiner Autorität und Gnade gebe ich euch jedoch eine Chance, ordentliche und pflichttreue Staatsbürger zu werden und die Familie durch ein vorbildliches moralisches Verhalten zu rehabilitieren.

Aus meinem Bruder Eteokles hat er auf diese Weise tatsächlich einen fügsamen Untertanen, einen brauchbaren Befehlsempfänger gemacht. Eteokles hatte es aufgegeben zu denken, während ich mich meiner Fragen nicht zu erwehren vermochte. Es waren schreckliche Fragen. Mein Onkel forderte sie mit seinen frommen Plattitüden heraus. Er zwang mich, immer radikaler nachzudenken über Ödipus, der mich und meine Geschwister unwissend mit seiner eigenen Mutter zeugte, nachdem er, ebenfalls ohne es zu wissen, seinen Vater, den alten Lajos, totgeschlagen hatte.

Du findest, das ist eine absurde Geschichte, nicht wahr? So dachte ich auch, bis ich dahinter kam: Diese Geschichte war eine Antwort von schrecklicher Logik auf den delphischen Absolutheitsanspruch, der die Entwicklung, den Fortschritt mit Hilfe eines dubiosen Orakels zu verhindern trachtete.

Ich rate dir, die Geschichte auf rationale Weise zu analysieren. Mich können die Tabus eines repressiven Mythos nicht mehr daran hindern, zu denken. Ödipus, der mir zugleich Vater und Bruder gewesen ist, war ein Mann der Rationalität. Kraft seines Intellekts gelang es ihm, das Rätsel der Sphinx zu lösen. Ich bin heute sogar davon überzeugt: Der Scharfsinn des Ödipus witterte insgeheim in dem fremden hochmütigen Greis, der ihn durch seine Lakaien brutal in den Straßengraben stoßen ließ, den Geist des eigenen, ihm feindlichen Erzeugers, desselben, der ihn schon gleich nach der Geburt aus sinnloser Angst vor dem künftigen Rivalen beiseite zu schaffen suchte.

Als Ödipus, der das obskure Orakel von Delphi vergebens um Auskunft über seine ihm unbekannte Herkunft gebeten hatte, in derselben Gegend den bösen Alten in seiner königlichen Kutsche erschlug, war dies ein revolutionärer Akt, die unwillkürliche Rache des Sohnes an seinem autoritären Vater, der dem Nachkommen die Zukunft mißgönnte.

Und auch dies, so glaube ich bestimmt, geschah aus einer unterbewußten vitalen Empörung, daß Ödipus mit der eigenen Mutter, der Frau des Erschlagenen, ein neues Geschlecht ins Leben rief, eine Protestgeneration, — jedenfalls, was Polyneikes und mich, Antigone, betrifft: Wir wurden Rebellen. Das gräßliche Ende unserer Eltern hat uns erst recht zu Rebellen gemacht.

Ödipus war ein aufgeklärter Regent; aber die klerikale Opposition, deren sich der reaktionäre Onkel Kreon bediente, wartete nur auf eine Gelegenheit, den Bahnbrecher einer progressiven Politik, den Förderer gesellschaftlicher Reformen, den Besieger der Sphinx zu stürzen. Als eines Tages in Theben wie auch in anderen Städten die Pest ausbrach, gelang es der klerikalen Partei durch ein mysteriöses Manöver, an dem sich wiederum der delphische Vatikan beteiligte, die Epidemie als ein göttliches Strafgericht gegen den liberalen Regierungschef auszuspielen. Man steigerte im Volk die ohnehin vorhandene Panik, indem man sie mit eschatologischen Ängsten auflud. Da man dem Regierungschef politisch und intellektuell unterlegen war, berief sich die Opposition, die Anhängerschaft Kreons, auf numinose Zusammenhänge. Argumente ersetzte sie durch irrationale Verdächtigung. Die Pest, so ließ man sich aus Delphi melden, sei durch den noch ungesühnten Mord an König Lajos verschuldet. Der Fall lag mehr als ein Jahrzehnt zurück. Keiner hatte sich um Aufklärung der Zusammenhänge bemüht, obwohl die politischen Drahtzieher sich ausrechnen konnten, daß der alte Lajos von Ödipus getötet worden war. Aber damals war ihnen der Besieger der mythischen Sphinx als Retter in höchster Not durchaus willkommen gewesen. So sehe ich das heute.

Ich lasse mir im übrigen nicht weismachen, der Klerus von Theben habe bei seinen engen Kontakten mit dem sakralen Informationszentrum Delphi von der thebanischen Herkunft des in der Fremde aufgewachsenen Ödipus nichts gewußt. Das ist doch zum Lachen! Sie wußten es selbstverständlich sehr wohl; aber sie überließen ihn mit Absicht, so lange sie ihn brauchen konnten, der Ungewißheit über sich selbst, um ihn, als sie seiner überdrüssig waren, umso sicherer, das heißt, mit religiösen Argumenten, zur Strecke zu bringen.

Nun war er nicht mehr der Held und Heiland der Nation, sondern die Eiterbeule der Stadt. Seine humane Intelligenz, seine fortschrittliche Gesinnung wurden nunmehr als atheistisch, als Kennzeichen sündhaften Ungehorsams gegen den überlieferten Gottesglauben verschrieen. Man manövrierte ihn regelrecht in die Katastrophe hinein; kaltblütig sah man zu, wie er sich selbst in intellektueller Redlichkeit den Prozeß machte. Am Ende stach er sich die Augen aus, nachdem sich seine Frau, unsere gemeinsame Mutter, Onkel Kreons Schwester, aufgehängt hatte.

Unter dem Schock dieser Katastrophe haben wir lange gelebt. Zusammen mit Ismene begleitete ich den blinden Vater ins Exil. Ohne Erbarmen schickte uns König Kreon in die Verbannung. Wir wurden überall als Verbreiter des Pestbazillus ausgewiesen; wir waren von Delphi exkommuniziert und fühlten uns selbst wie von einem mystischen Makel behaftet. Es war eine Art Ketzerverfolgung.

Aus politischen Gründen setzte es aber schließlich die liberale Regierung von Athen, die mit Theben rivalisierte, bei der delphischen Behörde durch, daß Ödipus noch kurz vor seinem Tode von der Exkommunikation befreit wurde. Ja, man hielt es sogar für opportun, ihn nach dem Tode selig zu sprechen. Die Seligsprechung ließ sich an Hand prophetischer Zeichen ohne weiteres bewerkstelligen. Aus dem Flug der Krähen war alles, was man zur Verketzerung oder zur Seligsprechung benötigte, abzulesen. Ich hasse die Krähen.

Ich habe erst später den divinatorischen Schwindel durchschaut. Damals noch nicht. Vom Druck der delphischen und anderer Autoritäten gehemmt, ließen wir uns beschwatzen, als Onkel Kreon meine Schwester und mich mit scheinheiligen Argumenten zurück nach Theben lockte. Er wollte uns unter Kontrolle behalten. Die Seligsprechung des Ödipus wurde von ihm natürlich nie akzeptiert. Er verwarf sie als theologische Fehlentscheidung und sah darin ein Zeichen des allgemeinen sittlichen Verfalls. Die ihm von Athen zugefügte politische Schlappe bemühte er sich im übrigen dadurch wieder wettzumachen, daß er über uns kraft seiner onkelhaften Autorität verfügte. Wir waren nichts als Figuren im Ränkespiel der politisch Mächtigen.

So erwog er im Rahmen seines dynastischen Kalküls auch meine Verlobung mit seinem einzigen Sohne Haimon. In diesem Falle bereitete dem alten Schlauberger der moralische Defekt meiner Herkunft, die Schande meines Blutes, nicht die geringsten Schwierigkeiten mehr. Eine neue Sprachregelung verbot es einfach, in der Öffentlichkeit den Namen des Ödipus zu erwähnen. Ich selbst wurde offiziell als die vielgeliebte Nichte des Königs tituliert. Im Hause dagegen sparte man nicht an feindosierter Demütigung, um in mir den verfluchten Labdakidenwillen — so lauteten Kreons Worte — zu brechen.

Doch noch tiefer verabscheute ich meinen Onkel, wenn er mich durch freundliche Herablassung zu gewinnen trachtete. Haimon fand es ebenfalls ekelhaft. Die Gnade, die ich gelegentlich zu spüren bekam, war nichts als ein besonders raffiniertes Mittel der Unterdrückung. Onkel Kreon glaubte sich des Erfolgs seiner autoritären Methode vollkommen sicher. In seiner Borniertheit merkte er nicht, daß er sich dadurch auch den eigenen Sohn zum Feinde machte.

Haimon und ich waren nicht so sehr Verliebte wie Verbündete in geheimer Opposition. Es war zunächst eine noch unartikulierte Opposition. Wir witterten mehr, als daß wir schon wußten, wie verlogen Kreon und die gesamte reaktionäre Gesellschaft Thebens waren. Ihre Herrschaft beruhte auf unentwegter Angstmacherei. Die konnten überhaupt nicht existieren, ohne immerfort über die Bedrohung des überlieferten Glaubens zu jammern. Gefährlich war in ihren Augen jede Veränderung. Die hätten am liebsten die alte mythologische Sphinx wieder eingesetzt, die Ödipus entmachtet hatte, weil er sich nicht von ihr bluffen ließ.

Die Aufklärung, hieß es, sei an allem schuld. Doch gab es wenigstens noch immer die unausrottbaren schwarzen Krähen. Warum sie von den Priestern für prophetisch gehalten wurden, konnte ich nie begreifen. Am liebsten sammelten sie sich, wo der Abfall lag, in der Vorstadt bei den stinkenden Müllgruben der Armen.

Haimon und ich besuchten manchmal verstohlen das Armenquartier. Onkel Kreon durfte das auf keinen Fall erfahren. Zuerst unternahmen wir diese Streifzüge durch das Elendsviertel einfach aus Abenteuerlust, wenn es uns zu langweilig wurde in der sterilen Welt des Hofes. Dort war immer das gleiche Lamento ministerialer und klerikaler Greise zu vernehmen, wie die Leute doch früher viel anständiger, fleißiger und gläubiger gewesen seien. Heutigen Tages werde das Volk immer unverschämter mit seinen Forderungen. Armut sei im allgemeinen die Folge von Faulheit. Wer arbeitsam, gehorsam und sparsam sei, könne es jederzeit zu etwas bringen. Zum Beispiel ... und überhaupt, meinte Onkel Kreon, ich bin zu meinen Sklaven immer viel zu gut gewesen. Den Leuten bekommt die Freiheit nicht. Die verlangen im Grunde selbst nach Autorität. Ich habe schon immer gesagt: Man hätte die Sphinx nicht totschlagen sollen. Vor so etwas hatten die Leute doch noch Respekt. So lange sich das Volk noch vor der gewaltigen Sphinx fürchtete, waren auch die Gottesdienste besser besucht. Ein bißchen Krieg wäre im übrigen gar nicht schlecht. Dann kommt wieder Ordnung in den verlotterten Haufen.

Nun, den Krieg, den hatten sie bald. Glücklicherweise fand sich ein Feind, den man gründlich hassen und verachten konnte. Polyneikes, der Emigrant und Landesverräter, verschaffte Onkel Kreon eine mit Wonne genutzte Gelegenheit, die gesamte Ödipusfamilie zu diffamieren. Wo es nur immer ging, profitierte der alte Heuchler vom Unglück der anderen.

Polyneikes wurde zum Staatsfeind Nummer eins erklärt. Sein Versuch, mit Hilfe ausländischer Bundesgenossen den Diktator von Theben zu stürzen, stärkte zu allem Unglück Kreons Machtposition gewaltig. Die Geschichte ist absurd. Jetzt glaubten sich sogar die innenpolitischen Gegner seines Regimes zur bedingungslosen nationalen Solidarität verpflichtet. Verstehst du das? Wer in den Verdacht geriet, auch nur die geringste Sympathie für den geächteten Polyneikes zu hegen, wurde als Antikreonist, als Staatsverbrecher, als Anarchist verfolgt.

Unter den kleinen Leuten hatte Polyneikes viele geheime Anhänger; aber aus Angst vor den Spitzeln der geheimen Staatspolizei traute sich keiner, selbst in seiner Familie ein ehrliches Wort zu sagen. Wir Ödipuskinder wurden gezwungen, an öffentlichen Solidaritätskundgebungen für Kreon, an Diffamierungsaktionen gegen den Landesverräter teilzunehmen. Eteokles mußte sich sogar dazu hergeben, einen Schmähartikel gegen seinen eigenen Bruder zu unterzeichnen; darin wurde Polyneikes nicht nur als Feind, sondern als Verbrecher, als Untermensch, als Gesinnungsschwein bezeichnet. Ismene und ich wurden von allen unseren Bekannten geschnitten. Wir waren völlig isoliert. Ein freundliches Wort zu uns hätte womöglich Verdacht erregt. Man kannte uns einfach nicht mehr. Seitdem verachte ich diese ganze konformistische Gesellschaft.

Aber Haimon war großartig. Ein prima Kamerad! In seiner Gegenwart traute Kreon sich nicht, zu mir von meinem Bruder als einem Scheißkerl zu sprechen. Vor Haimon hatte der Alte Angst. Umso mehr genoß er die Erniedrigung des Eteokles. Eteokles war ihm vollkommen hörig.

Anstelle des rebellischen Haimon suchte Eteokles sich bei dem verärgerten Alten um jeden Preis beliebt zu machen. In seiner Beschränktheit rechnete er auf eine seiner Unterwürfigkeit angemessene Beförderung als Offizier. Die Beförderung erhielt er: Er durfte in der Schlacht in vorderster Front den Heldentod sterben, nachdem er seinen Bruder zur Strecke gebracht hatte. Dafür wurde ihm ein Staatsbegräbnis erster Klasse zuteil, während Polyneikes samt seinen für die Freiheit Thebens gefallenen Kameraden auf Kreons Befehl den Aaskrähen zur Bestattung überlassen werden sollte.

Ich hätte selbstverständlich auch die Leiche des Eteokles versorgt, obwohl mir sein Kreonismus zuwider gewesen ist. Im Tode war er mir nur mein Bruder.

Zur bewußten politischen Aktion kam es jedoch, als ich den von den Krähen zerfetzten Leichnam des Rebellenbruders dem Befehl zuwider beerdigte. In der verrückten Welt des Kreonismus wird auch der einfachste spontane Akt der Humanität zum politischen Verbrechen. Ich hatte wohl mit meinem geächteten Bruder sympathisiert; zur Partei des Polyneikes habe ich mich aber erst offen bekannt, wo es keinen Zweck mehr hatte, wo bereits alles verloren war.

Im Verlauf des Prozesses, den mir Kreons Kriegsgericht machte, wurde mir vollends klar, in welcher feigen und verlogenen Gesellschaft ich lebte. Nicht ein einziger von allen Honoratioren protestierte gegen meineVerurteilung. Alle fanden es wahrhaft souverän, wie der oberste Kriegsherr an einem Mitglied der eigenen Familie ein Exempel statuiert und sich für die unbedingte Gültigkeit der staatlichen Ordnung eingesetzt habe. Es sei höchste Zeit, so lauteten die Kommentare, der vaterlandslosen Jugend mit aller Härte auf ihre dreckigen Finger zu schlagen.

Das gesunde Volksempfinden, hieß es, verlangt nach einer drastischen Bestrafung Antigones. An der ist sowieso nicht viel verloren; die hat sich ständig in den Spelunken der Vorstadt, im Schmutz herumgetrieben. Ihr übler Einfluß hat obendrein den einzigen Sohn ihres Vormunds so gründlich verdorben, daß der, als man das gefährliche Weibsbild — Gott sei dank! — rechtskräftig verurteilt hatte, seinen königlichen Vater mit der blanken Waffe bedrohte. Am Ende habe sich dann, wie es heißt, der bedauernswerte junge Mensch wegen der verkommenen Person selbst umgebracht.

Den Quatsch, uns selber umzubringen, werden wir nicht noch einmal machen, Heiner! Es war ein politischer Fehler. Es wäre besser gewesen, wir hätten die Machthaber gezwungen, uns von ihren Bullen zusammenschlagen zu lassen. Wir müssen sie zwingen, ihre wahre brutale Physiognomie zu zeigen. Wer die Nerven verliert und Hand an sich selber legt, erspart es dem politischen Gegner, die Maske fallen zu lassen.

Ich, jedenfalls ich, verlor leider die Nerven. Sie hatten mich in eine Dunkelzelle gesperrt, um mich darin zu Grunde gehen zu lassen. Ich war vollkommen fertig. Ich war von den ekelhaften schwarzen Krähen verschattet. Sie flatterten auch noch im Kerker um mich herum; ich wurde sie nicht los, sie wollten sich an mir rächen, weil ich die verstümmelte Leiche des Bruders beigesetzt hatte; sie verfolgten mich, weil ich etwas ganz Einfaches, Menschliches getan hatte. In einer Welt, in der Leute wie Kreon bestimmen, ist unsereiner eben in erster Linie nicht Mensch, sondern Untertan.

Nein, Haimon hatte nicht die Nerven verloren. Das stimmt nicht. Sein Ende war wie eine Selbstverbrennung, ein flammender humaner Protest, die radikale Verneinung der autoritären Vätergesellschaft, — einer Krähengesellschaft.

Was macht dein Motorrad, Heiner? Bist du bald fertig? Wir dürfen Paul nicht länger im Knast verkommen lassen. Weißt du, ich habe manchmal so ein dummes Gefühl, so eine albere Angst, daß wir am Ende der Taktik der Krähen unterlegen sind. Wir wollen doch die Gesellschaft verändern. Wir möchten, daß es menschlicher zugeht in Vietnam ebenso wie in Südafrika, in Griechenland und in der Tschechoslowakei, überall, wo Menschen unterdrückt und sich selbst entfremdet werden. Es hätte doch überhaupt keinen Zweck zu leben, wenn wir nur immer von neuem mitansehen müßten, wie unser Bruder von den Krähen zerrissen wird, so oder so, — du verstehst schon.

Was haben wir eigentlich bisher erreicht? Die Gesellschaft hat sich nicht verändern, sondern nur zu härterer Reaktion provozieren lassen. Sie erstickt noch an ihrem eigenen seelenlosen Konsum. Aber wir, die Generation des Protestes, wir sind isoliert. Wir sind zu einer lächerlich kleinen Gruppe zusammengeschmolzen. Haben wir überhaupt noch eine Zukunft?

Richtig, wir haben uns selbst durch unsere Demonstrationen vom Druck der Gesellschaft befreit. Ich finde aber, das ist zu wenig. Die These von der Selbstbestätigung durch politische Aktionen stimmt nicht. Die Demonstration darf nicht zum Selbstzweck der Demonstrierenden werden.

Gut, wenn wir Paul befreien, dann ist das bestimmt nicht nur eine symbolische Handlung, ein bißchen Happening! Und irgendwo gelingt uns vielleicht auch noch der Überfall auf eine Bank. Das Geld könnten wir gut zur Unterstützung entlassener Strafgefangener gebrauchen. Doch ob unsere Gruppe das Kesseltreiben, das sie dann gegen uns veranstalten werden, übersteht, — glaubst du das, Heiner? Ich sage dir, die werden in ihrer Hysterie alles tun, um uns zu erledigen. Die treiben uns schließlich doch noch ins Kriminelle. Wenn erst ein aufgeregter Bulle schießt, wird wieder geschossen. Dann ist es passiert.

Eigentlich haben wir das doch nicht gewollt. Es begann doch damit, daß wir gegen die Gewalt und gegen die Kriege der Imperialisten protestierten. Wie kann man jedoch, was uns kaputt macht, kaputt machen, ohne selbst ein Kaputtmacher zu werden, ich meine, ohne selbst richtig böse zu werden und nur noch ein Mithassender und nicht mehr ein Mitliebender zu sein? Das ist unser Problem. Wir müßten das in der Gruppe durchdiskutieren ... Wenn uns noch Zeit bleibt. Vielleicht veranstalten die Kulturmacher, die Akademiemanager, eines Tages darüber ein großes Palaver, ein Podiumsgespräch oder so. Und wir liefern ihnen das Material für ihren Kulturbetrieb.

Ach, Heiner, mir ist zum Kotzen übel. Ich werde sentimental. Das kommt von dem ekelhaften Krächzen der Krähen ...

Ist deine verdammte Kiste endlich startbereit? Na also! Jetzt nichts wie ab! — Was soll das? — Nein, Heiner, nein, bitte laß das! So etwas können wir jetzt nicht machen ... Wir haben jetzt nur dafür zu sorgen, daß unser Bruder nicht von den Krähen zerhackt wird ... Komm ...

*Heiner bringt sein Moped in Gang; Antigone steigt auf den Soziussitz; die Maschine knattert davon. Und wieder erhebt sich ein großer Schwarm aufgeschreckter Krähen vom Acker und erfüllt die Luft mit seinem häßlichen Geschrei.*

BEGEGNUNG

IM OPERNHAUS

*Es hat bereits zum zweiten Mal geläutet. Gleich wird der letzte Akt von »Siegfrieds Tod« beginnen. Zwei Herren sind, in ihr Gespräch vertieft, während das Publikum längst seine Plätze im Parkett und auf den Rängen wieder eingenommen hat, im Foyer zurückgeblieben. Dem Jüngeren ist eine gewisse Verlegenheit anzumerken. Er kommt sich vor wie einer, der die Schule schwänzt. Die beiden sind erst eben in der Pause zufällig miteinander in Kontakt gekommen: Der Ältere — eine elegante Mischung von Künstler und Offizier, der Jüngere — offensichtlich provinzieller Herkunft, ein Fremdling im Gepränge einer großstädtischen Oper. Umso mehr schmeichelt ihn das Interesse des Älteren.*

Schade, ich hätte mich gerne weiter mit Ihnen unterhalten! Aber Sie werden gewiß den Schlußakt nicht versäumen wollen. Ihre erste Begegnung mit den »Nibelungen«, nicht wahr? Ich selbst? Nein, ich danke, ich gehe lieber ... Aber Sie, Sie müssen sich eilen! Der Logenschließer läßt Sie sonst nicht mehr hinein. Doch wenn die Unterhaltung mit mir Ihnen tatsächlich wichtiger ist, — bitte kommen Sie, setzen wir uns dort drüben in die Ecke! — Die Musik ist hier nur noch gedämpft zu hören. So läßt es sich ertragen. Ich hätte es, offengesagt, drinnen, im Parkett, nicht länger ausgehalten. Allerdings, ich bin nicht gerade Wagnerianer; doch es geht mir nicht um Wagner oder Anti-Wagner. Von dieser Musik verstehe ich sowieso nicht sehr viel, wiewohl ich damals ein recht guter, ja geradezu berühmter Geigenspieler gewesen bin: »Süßer und sanfter zu geigen hub er an. So spielt er in den Schlummer gar manchen sorgenvollen Mann.« Aber das war ein völlig anderer Stil. Wie gesagt, darum geht es nicht. Es geht nicht nur um Kunst; es geht wirklich um Siegfrieds Tod. Ja, wie soll ich mich Ihnen verständlich machen? Das Eigentliche entzieht sich freilich aller Definition. Wie sollte ich Ihnen zum Beispiel sagen, wer ich bin. Ich fürchte, ich würde Sie durch die Nennung meines Namens verwirren. Sie haben natürlich einen Anspruch zu erfahren, wer Ihr Gegenüber ist, der Sie in einer so ungewöhnlichen Situation im Foyer eines

Opernhauses, während »Siegfrieds Tod« gegeben wird, in ein Gespräch verstrickt.

Sie haben also Theologie studiert, Sie haben ein Priesterseminar besucht... Welch ein seltsamer Zufall! Nachdem unser Marschall damals unseren einzigen theologischen Begleiter, einen kleinen Kaplan, beim Übergang über die Donau ins Wasser geworfen hatte, ist für mich jede Begegnung mit einem Priester noch immer etwas Peinlich-Reizvolles. Muß ich Ihnen im übrigen eigens versichern, daß der wilde spontane Anschlag des Marschalls auf unseren Militärgeistlichen von allen Teilnehmern der Expedition mißbilligt wurde? Der kleine Kaplan konnte sich glücklicherweise schwimmend an das Ufer retten und überlebte somit als einziger die militärische Katastrophe im Hunnenland. Man könnte geradezu von einer Fügung sprechen.

In solcher Fügung bekundet sich freilich auch eine gewisse göttliche Ironie. Der Marschall hatte aus Verärgerung und Trotz gehandelt, als er unseren Theologen über Bord warf; denn irgendein wahrsagendes Weibsbild hatte den Kaplan als den einzigen bezeichnet, der von dem Unternehmen heimkehren werde. Und gerade dadurch, daß er ihn umbringen wollte, hat der Marschall ihn bewahrt.

»Nur schwach in jenen Zeiten war der Glaube noch«, heißt es in dem Text, der später gewissermaßen als dichterisches Dokument unseres Nationalbewußtseins kanonisiert worden ist. Als Theologe werden Sie sicherlich meine Bedenken teilen, — und nicht nur, weil man damals Ihren Kollegen zu ertränken suchte. Ich meine, indem man diesen epischen Text kanonisierte, hat man die eigene Vergangenheit, anstatt sich mit ihr auseinanderzusetzen, mythologisiert. Ich gestehe, meinerseits sogar zu dieser Mythologisierung beigetragen zu haben.

Ach, entschuldigen Sie, ich habe mich Ihnen ja noch immer nicht vorgestellt. Lieber wäre es mir, ich dürfte, ohne meinen Namen genannt zu haben, mit Ihnen sprechen, unbelastet durch das Bild, das Sie sich zwangsläufig machen werden, sobald Sie gehört haben: Volker von Alzey.

Nicht wahr, Sie erinnern sich noch aus Ihrer Schulzeit des Nibelungenlieds? »Viel Wunderdinge melden die Mären alter Zeit ...« Ja, darin komme ich also vor. Ich bin ein Zeuge, ich kann mir mitzureden erlauben. Daß man dabei war, ist allerdings noch keine Garantie dafür, daß man die Wahrheit sagt. Im Gegenteil! Fragen Sie zum Beispiel Siegfried, unseren Star. O bitte, er sitzt in der ersten Rangloge rechts. Ja, denken Sie nur: Er genießt sich selbst. Er ist ja immer überaus eitel gewesen, — und wenn Sie mich fragen, ich habe ihn nie für besonders ehrlich gehalten. Er war zu eitel, um mit sich selbst unnachsichtig ehrlich zu sein. Er war zwielichtig, zwiespältig.

Doch ich will nicht ungerecht sein: Wir alle krankten an dem gleichen inneren Widerspruch — mit Ausnahme unseres Feldmarschalls Hagen von Tronje. Er hat seinen Platz im vorderen Parkett. Wenn Sie wollen, können Sie ihn nachher beim Schluß der Vorstellung zu sehen bekommen. Hagen — das müssen auch seine Gegner zugeben — war immer von einer zynischen Aufrichtigkeit. Ihm macht die ganze Oper hier, ohne daß er viel davon versteht, natürlich einen mordsmäßigen Spaß. Er leugnet nicht, daß er ein Mörder ist. Ich meine jetzt nicht die Sache mit dem Militärgeistlichen. Das war für ihn — verzeihen Sie! — eine Bagatelle. Der kleine Priester war ihm sowieso schon immer lästig gewesen mit seinen schüchternen Versuchen, diese im tiefsten noch ganz heidnische Gesellschaft zu christianisieren. Hagen räumte den Kaplan wie eine überflüssige Sache weg.

Gewiß, es war für unser Verständnis eine — ich möchte sagen — extrem unhöfliche Art, den Geistlichen wieder wegzuschicken. Nachgetrauert aber hat ihm niemand; keiner von uns vermißte ihn. Offen gestanden, wir waren froh, ihn los zu sein. An Hagen ärgerte uns nur, daß er so schamlos deutlich tat und sagte, was wir anderen auf höflich-höfische Weise verschleierten; doch bannte uns alle seine düstere Autorität, auch wenn wir uns mitunter von ihm zu distanzieren gezwungen sahen. Das geschah aber doch nur aus opportunen Erwägungen, im Herzen gaben wir ihm recht. Wir lebten in einem fatalen Widerspruch, wir, die Helden des kanonisierten Nibelungenlieds.

Nicht wahr, Sie verstehen nun, warum ich mich da drinnen im Parkett so unbehaglich fühle. Ich bin dort nicht am Platz. Was hat man aus unserer Sache, die noch längst nicht ausgestanden ist, gemacht! Mit einem gewaltigen musikalischen Aufgebot erstickt man die redliche Auseinandersetzung, übertönt man unseren Prozeß. Indem man uns veroperte und mythisierte, wurden wir tabu. Wer fragt jedoch nach unserer Wirklichkeit?

Ich versichere Ihnen, mein junger Herr, mir ist nicht wohl dabei zumute, wenn ich sehe, wie man unsere Tragödie immer wieder zur Beschönigung des eigenen Fiaskos mißbraucht. Empfinden Sie es nicht auch als ein unheimliches Symptom, daß Siegfried in der Loge und Hagen im Parkett dieses Opernhauses sitzen und sich selbst genießen? Nein, die haben nichts gelernt!

Oh, Sie wundern sich über meinen Mangel an Solidarität? Ich weiß, Ihnen schwebt jene Szene vor, in welcher Hagen und ich einträchtig miteinander Wache halten angesichts einer gegen das kleine burgundische Expeditionskorps aufmarschierten hunnischen Armee. In der Überlieferung spiele ich zwar die Rolle eines höchst streitbaren Musikers. Man sieht mich dem völlig unmusikalischen Hagen in treuer Kameradschaft verbunden. Oh, gewiß, eine denkwürdige Szene. Aber glauben Sie mir, ich habe mir auch schon damals — den Tod vor Augen — Gedanken darüber gemacht, warum es überhaupt zu diesem melodramatischen Auftritt kam.

Diese heroische Szene, sage ich mir heute, rechtfertigt doch keineswegs die üble Vorgeschichte der Katastrophe. Als alles zu spät war, ja, da sind wir — wie man so schön sagt — auf anständige Weise zugrunde gegangen. Aber solche Bewährung im Tode, finde ich, reicht nicht aus, nachdem wir zuvor alle insgesamt moralisch versagt hatten.

»Sie nahmen ihre Eide meistens schlecht in Hut«, so schreibt unser Dichter, der uns doch im übrigen recht wohlwollend in seinem Epos behandelt hat. Er, der Dichter, ist, wie jeder sorgfältige Leser feststellen kann, mit unserer furchtbaren Sache auch nicht ganz fertig geworden. Das ehrt ihn. Er verschweigt nicht die Widersprüche in unserem Verhalten, den Bruch in unserer Existenz.

Mir scheint, es ist an der Zeit, mit kriminalistischem Scharfsinn einmal die ganze Mordaffäre zu untersuchen. Unser Unglück begann ja mit der heimtückischen Beseitigung Siegfrieds. Nein, genau genommen, begann es in dem Augenblick, als der Drachentöter in unserer rheinischen Residenz erschien und mit seinem exzentrischen Wesen einbrach in unsere bis dahin ziemlich friedliche Welt. Dadurch, daß Burgund sich mit Siegfrieds dämonischer Wesenheit verbündete, wurden die grenzensprengenden Kräfte in uns ausgelöst, die von der höfischen Humanität verdeckten archaischen Mächte mobilisiert. Es war die tragische Funktion des Nibelungen Siegfried, durch seine Einheirat der burgundischen Gesellschaft und sich selbst in dieser Gesellschaft den Untergang zu bereiten. Siegfried betrog sich selbst und betrog uns, indem er, der Drachenkämpfer, mit dem urbanen Burgund paktierte. Bedenken Sie also bitte, mein Herr Theologe, was das bedeutet, daß diese Tragödie der Eidbrüche den Rang einer mythischen Selbstaussage der sogenannten deutschen Seele erhielt.

Es würde zu weit führen, wenn ich Siegfrieds sich im Dunkel verlierende Vorgeschichte analysieren wollte. Es möge genügen, daß ich Sie an seine Unterweltsbeziehungen erinnere. Er war ja keineswegs von der strahlenden Integrität, die ihm spätere romantische Deuter angedichtet haben. Er hatte vielmehr — bei aller Blondheit — etwas unheimlich Zwitterhaftes an sich. Reden wir nicht von dem fatalen magischen Gerät, dessen er sich in betrügerischer Weise bediente, um sich dem mittelmäßigen König Gunther gefällig zu erweisen, der ohne die Hilfe des drachenhäutigen Nibelungen niemals in den Besitz der Tigerin Brunhild gelangt wäre. Man könnte im Rückblick wahrhaftig die fürchterliche Logik bewundern, mit welcher der erste Betrug alle weiteren Eidbrüche nach sich zog. Während Gunther in peinlicher Selbstüberschätzung um seines Prestiges willen sich um Brunhild bewarb, erniedrigte sich andererseits Siegfried, indem er vor den kritischen Blicken der souveränen Herrin auf Isenstein den dienstbeflissenen Angestellten des kleinkarierten Gunther spielte.

Ich will nicht etwa Hagen entschuldigen, der später auf Grund eines kalten politischen Kalküls die Beseitigung des Nibelungen Siegfried forderte; doch läßt sich nicht leugnen, daß Siegfried schon längst, bevor Hagen einen konkreten Anlaß für die Mordaktion fand, sich selber preisgegeben hatte. Durch den Betrug an Brunhild hatte er sein Charisma eingebüßt: er lebte, mit der ihm im Grunde nicht gleichwertigen Kriemhild verheiratet, in einer heillosen Selbstentfremdung inmitten dieser nur oberflächlich christianisierten, durch zweideutige Verträge und unsaubere Geheimnisse ineinander verfilzten Gesellschaft von Burgund.

Warum erzähle ich Ihnen das eigentlich? Sie wundern sich; vielleicht denken Sie: Was geht mich diese archaische Mordgeschichte an? Ja, es geht Sie an. Ich finde, daß gerade Sie als Theologe an dieser Geschichte die Morphologie des Bösen studieren könnten. Anstatt unseren Fall als ideologisches Modell des eigenen nationalen Schicksals kritiklos anzustaunen, sollte man an ihm die unselige Verwirrung der Maximen demonstrieren; nämlich, wie aus formaler Treue Treulosigkeit wird, wie der Automatismus des Paktes einen zum Verräter macht, wie kriegerische Tapferkeit mit moralischer Feigheit korrespondiert und wie Standhaftigkeit in manchen Fällen nichts anderes als Dummheit ist.

Sie sehen mich so mißtrauisch an? Sie möchten wissen, welche Rolle ich selbst in diesem Drama gespielt habe? Als Volker von Alzey bin ich freilich ohne jeden politischen Einfluß gewesen; man schätzte mein gesellschaftliches Talent, meine Gabe der Unterhaltung, mein Geigenspiel. Ich repräsentierte sozusagen das musische Burgund. Der Name Volker von Alzey bürgte für gepflegte Manieren, für Schöngeistigkeit und musikalisches Niveau. Während im Hintergrund der Marschall Hagen von

Tronje brutale Machtpolitik betrieb, ergötzte man sich im Vordergrund an dem romantischen Tandaradei meiner musikalischen Darbietungen. Meine dubiose Aufgabe war es, am Hof für Rührung und Gefühl zu sorgen, damit die anderen desto ungerührter ihr Mordgeschäft besorgen konten. Insofern gehören wir allerdings zusammen, ich, Volker von Alzey, und Hagen von Tronje: der Musiker und der Mörder, so, wie wir am Beginn des letzten apokalyptischen Aktes in pathetischer Pose erscheinen.

Die Korrelation von Sentimentalität und Brutalität dürfte Ihnen bei aufmerksamer Lektüre unserer Geschichte nicht entgangen sein, mein junger Freund. Ich beanspruche für mich also keine mildernden Umstände; dazu wiederum bin ich zu stolz, als daß ich mich mit der Komparsenrolle eines musizierenden Mitläufers abfinden ließe. Ich beanspruche vielmehr das Recht, um meiner Mitschuld willen angehört zu werden. Es treibt mich um, weil diese Sache noch immer nicht zu Ende ausgedeutet worden ist und weil im Dunkel dieser unbeantworteten Fragen der Fluch der Nibelungen weiter schwärt. Ich bedaure, daß man unseren Fall allein den Germanisten überlassen hat; dazu war unsere Misere viel zu ernst.

Ich rede wohlerwogen von Misere; denn unser Schicksal vollzog sich ja nicht nur in den großen dramatischen Haupt- und Staatsaktionen, in der Mordaffäre und in der spektakulären Expedition ins hunnische Land. Ich erinnere mich vielmehr der schrecklich langen Inkubationszeit, als das Verbrechen im Schoße des königlichen Hofes keimte. Ich denke an die vielen von Mißtrauen und Mißgunst vergifteten Stunden, in denen man unter unverbindlichem Geschwätz einander mit Blicken belauerte, beargwöhnte und mit Verschweigen betrog. So sehe ich sie noch vor mir, die durch ihre Ehe mit einem mittelmäßigen Mann gebrochene und verbitterte Brunhild, die nicht loskam von dem sie quälenden Geheimnis Siegfrieds, an dessen Seite sich die für Brunhilds Geschmack recht durchschnittliche Kriemhild brüstete.

Mit der Zeit war die hübsche Kriemhild immer arroganter und hochfahrender geworden, zumal nachdem ihr Siegfried, dessen Leichtsinn und Indiskretion auch unseren Dichter schockierte, den blamablen Verlauf von Gunthers Hochzeitsnacht, in der ihm Siegfried assistieren mußte, ausgeplaudert hatte. Dies alles mußte eines Tages zum Skandal, zum häßlichen Gezänk der beiden Frauen führen. Durch die eidesstattliche Erklärung Siegfrieds, keine intimen Beziehungen zu Brunhild je gehabt zu haben, wie Kriemhild behauptet hatte, wurde der gesellschaftliche Konflikt zwar formell fürs erste beigelegt; doch hatte Siegfried nur die Teilwahrheit beschworen; das andere blieb als ein düsteres Geheimnis verschwiegen.

Für eine wirkliche Bereinigung und Versöhnung reichte die gewundene Erklärung nicht aus. Auch verfolgte Hagen unterdessen zielstrebig und skrupellos sein politisches Ziel, die vollständige Ausschaltung Siegfrieds. Die durch Siegfrieds Geschwätz besudelte Ehre der Königin Brunhild war für den Marschall doch nur ein Vorwand, ein Anlaß zum politischen Mord. Von Rache sprach man zwar und redete von Ehre, man meinte aber einfach den territorialen Gewinn. In den Augen des Politikers Hagen war Siegfried mit seinem gewaltigen Kapital und seiner kriegerischen Potenz für den burgundischen Staat gerade als Bundesgenosse, der sich den König durch allerlei dubiose Machenschaften verpflichtet hatte, eine stete Gefahr. Der Konflikt war exemplarisch; jeder von uns wußte Bescheid, keinem blieb die Auseinandersetzung erspart, aber die meisten von uns wichen aus und entzogen sich der Entscheidung. Wir alle befanden uns in einer moralischen Krisis, aber keiner besaß den zivilen Mut, den heimlichen Mordvorbereitungen zu widerstehen. Man hatte seine Entscheidung an Hagen »delegiert«.

Wir beteiligten uns alle, obschon zwiespältigen Gefühls, an der berüchtigten Jagd im Odenwald. Nur Gernot und Giselher sagten ab; aber zur Auflehnung gegen das geplante Verbrechen waren auch sie nicht imstande, geschweige denn, daß sie ihren Freund und Schwager warnten. »Weiß nicht, aus welchem Groll sie Siegfried nicht verwarnten; doch das entgalten sie voll.« Danach gab es dann das in solchen Fällen übliche verlogene »Kommuniqué«, Staatsbegräbnis und sentimentales Bedauern. Der Marschall war in diesem Punkt wenigstens ehrlich: »Nicht weiß ich, was Ihr klagt. Ein Ende hat nun alles, die Sorge und das Leid. Dank mir, daß seiner Herrschaft Ihr nun entledigt seid!« Aber nein, zu Ende war die Sache noch längst nicht, auch wenn einige Jahre später auf Betreiben von Hagen eine offizielle Versöhnung zwischen Kriemhild und ihren Brüdern arrangiert wurde.

Hagen selbst blieb freilich von der Versöhnung ausgenommen; ihm lag auch nichts daran. Die Versöhnung war für ihn nur ein taktischer Trick, durch den er erreichte, daß die in Sicherheit gewiegte Kriemhild den berühmten Nibelungenschatz nach Worms transportieren ließ, wo er von Hagen mit heimlicher Billigung des Herrscherhauses sofort beschlagnahmt wurde. Weil man sich offiziell nicht dazu bekennen mochte, hatte man einfach eine Reise unternommen und dem Marschall freie Hand gelassen, um sich nach der Rückkehr empört von Hagen distanzieren zu können, indem man ihn, ohne jedoch seine Maßnahme rückgängig zu machen, seinerseits auf Urlaub schickte; das heißt: »Sie ließen ihn genesen.«

Ja, mein Herr Theologe, finden Sie das alles denn so ungewöhnlich? Geben Sie nur zu: Es ist eine ekelhafte, aber allgemein praktizierte Methode. Man müßte indessen nicht einmal ein konfirmierter Christ sein, um sich zu sagen, daß solche Genesung nicht vorhält. Aber wir Burgunden, ahnungslos, anmaßend und vergeßlich, wie wir waren, verstanden es vorzüglich, der Wahrheit auszuweichen und uns selbst in törichtem Optimismus zu betrügen. Wie hätten wir sonst die Vermählung der Witwe Kriemhild mit dem Hunnenkönig Etzel zulassen können! Wir glaubten sie damit auf elegante Weise loszuwerden, und waren froh, in ihrer Person nicht immerfort einer peinlichen Erinnerung begegnen zu müssen. Wir waren tatsächlich der Überzeugung, daß nunmehr ein Schlußstrich gezogen sei, und begrüßten in unserer Verblendung sogar die heimtückische Einladung zum Staatsbesuch, die Kriemhild zwölf Jahre nach ihrem Abschied von Burgund an ihre Brüder ergehen ließ. Ebenso leichtsinnig, wie wir eingewilligt hatten in das Böse, das Hagen verübte, unterschätzten wir die Reaktion auf dieses Böse im Herzen Kriemhilds. Die durchschnittliche Kriemhild war nun durch das Böse, das sie erlitten hatte, selbst böse geworden.

Dietrich von Bern, ein nobler Mann, der in der Residenz des toleranten Hunnenkönigs als politischer Flüchtling lebte, bezeichnete Kriemhild denn auch unverhohlen als eine »Braut des Teufels«. Dietrich von Bern war allerdings kein differenzierender Denker. Er sah die Sache zu einfach. Das Böse aber ist nicht einfach, sondern kompliziert. Kriemhild war ebenso wie wir anderen Burgunden alle zwiespältig, unlogisch, nicht auf einen Nenner zu bringen.

Ich würde mich übrigens auch hüten, Hagen von Tronje schlechthin als teuflisch zu charakterisieren. Hagen besaß ja insofern durchaus moralisches Format, als er in jedem Falle, ohne zu zögern, bereit war, die Schuld für die Verbrechen, die er im Interesse Burgunds verübt hatte, auf sich zu nehmen. Auch sah er als einziger klar voraus, daß unter seiner Führung die Expedition ins Hunnenland zum Todeskommando wurde; er wußte genau: Sein Erscheinen in Etzels Residenz provozierte die Katastrophe. Ja, er tat alles, um sie zu beschleunigen.

Und ich? Sobald ich Kriemhilds zerrissenes Gesicht gesehen hatte, war ich von allen Illusionen frei. Kriemhild selbst gab sich indessen noch der irrsinnigen Täuschung hin, man könnte dem Marschall von Tronje, den sie listig miteingeladen hatte, den Prozeß machen, ohne den anderen, den Brüdern, auch nur ein Härchen zu krümmen. Sie war entschlossen, die Sippe zu schonen; sie fühlte sich ihren Verwandten durch ein archaisches Sippengefühl verbunden. Sie hatte sich nach ihnen gesehnt und haßte sie zugleich, weil sie sich weigerten, ihr den Mörder Siegfrieds auszuliefern.

Wie hätten sie jedoch Hagen ausliefern können, ohne ihr Gesicht zu verlieren! Kriemhild meinte, mit dem Schicksal ein schäbiges Geschäft machen zu können; aber die Gerechtigkeit ist nicht zu halbieren, und die Gnade ist erst recht in jedem Falle unteilbar. Kriemhild hätte alle, ohne Ausnahme, also auch Hagen, begnadigen müssen. Weil sie dazu nicht imstande war, wurde sie vom Teufel zu gnadenloser Vernichtung aller gezwungen: »Ich schenk' Euch keine Gnade, Ungnad' ich selbst gewann.« Unser Dichter nennt das heroische Gemetzel mit Recht ein Werk des Teufels. Anfänglich hatte es wirklich keiner so gewollt, auch nicht Kriemhild: »Sie hatte nicht gesonnen auf solche Mörderschlacht ...« Doch der Teufel, der auf seine Weise logisch und konsequent ist, gab sich mit einem halben Angebot nicht zufrieden: Von nun an übernahm er die Regie. Oder sollte ich lieber vom Automatismus des Bösen sprechen? Ich würde mich gerne mit Ihnen noch lange darüber unterhalten. Mich erregt, mich bedrängt dieser teuflische Mechanismus: So wird man aus Gehorsam zum Mörder, und so führt Heroismus zur Absurdität.

Das Allerletzte, den absurden Schluß, habe ich selbst als Augenzeuge freilich nicht mehr erlebt, ich meine die Konfrontation von Hagen und Kriemhild. Sie waren nunmehr einander ebenbürtig im Bösen, wie es denn auch, der Überlieferung nach, der Marschall des Todes mit der Genugtuung des Nihilisten bestätigt haben soll: »Du hast's nach Deinem Willen zu Ende nun gebracht; es ist auch so ergangen, wie ich mir hatte gedacht.« Es erübrigt sich, zu beschreiben, was danach noch Gräßliches geschah. Kein Wort von Gott, nur heilloses Schweigen. Für Sie, als Theologen, was für ein horrendes Beispiel der totalen Abwesenheit Gottes!

Aber Sie sehen mich so durchdringend an, als wäre ich für Sie transparent! Oder vielmehr, es kommt mir vor, als wenn Sie ... Auch bemerkte ich vorhin, wie Sie ein wenig lächelten. Ach, jetzt dämmert es mir. Sagen Sie mir ... Sind Sie womöglich der Kaplan? — Aber kommen Sie! Kommen Sie, die Vorstellung schließt; drinnen wird bereits Beifall geklatscht. Auf keinen

Fall möchte ich Hagen begrüßen, auch am Wiedersehen mit Siegfried liegt mir nichts. Ich bemerkte vorhin, wie beide einander kollegial zugewinkt haben. Verstehen Sie das? —

*Man drängt zur Garderobe ...*

Gehen wir! Welch eine Fügung, daß Sie, mein kleiner Kaplan, mir wieder begegnet sind!

*Aber der junge Kaplan weiß genau, daß eine solche Begegnung nicht zu verlängern ist. Es gelingt ihm, im Gewühl des Publikums unbemerkt beim Verlassen des Theaters unterzutauchen.*

# AUF DER STRASSE
# DER CONQUISTADOREN

*An einer Straßenbaustelle im Innern des südamerikanischen Urwalds hat sich ein fremder Zuschauer zu dem Unternehmer, der die Arbeit kontrolliert, gesellt. Der bärtige Fremde könnte ein Reporter sein. Der Unternehmer ist mit seinen Plänen beschäftigt und hört nur widerwillig und mißtrauisch auf die Fragen und Bemerkungen des Fremden hin. Im Gerassel und Gedröhn der Bagger und Walzen ist eine Unterhatlung sowieso unmöglich. Der Fremde ist gezwungen zu schreien. Nur wenn sich der große Bagger ein Stück entfernt, ist etwas Zusammenhängendes zu verstehen — solange, bis der Bagger wieder angerollt kommt.*

Phantastisch, diese Maschinen, wirklich phantastisch! Meine Bewunderung! So etwas habe ich noch niemals gesehen. Wie sich das in den Urwald hineinfrißt! Das ist wie eine Armee, die Schritt für Schritt den Urwald erobert: eine Armee von gepanzerten Riesen. Was wollen die armen Indianer dagegen machen? Die haben hier natürlich nichts mehr zu suchen. Mit ihren paar Giftpfeilen halten sie den Vormarsch der Zivilisation nicht auf. Mit denen ist es aus. Eigentlich schade ...

Sie sind der Bauunternehmer, nicht wahr? Ihre Maschinen, wie? Verstehe, das heißt: ich verstehe kein Wort. Verstehen Sie mich bei dem Krach? Was ich hier will? Sie fragen, was ich will? Wieso habe ich hier nichts zu suchen? Ich bewundere nur, bewundere nur Ihre Maschinen. Wirklich großartig! Man kann es mit der Angst zu tun bekommen, ja, richtig mit der Angst. Wie die verstörten nackten Indianer.

Nein, ich habe nichts dagegen. Ich bin doch nicht der Mann von La Mancha! Don Quijote! Kennen Sie nicht? Wundert mich. Ich stamme eben doch aus einer anderen Zeit, — ebenso wie der verrückte spanische Ritter, der Ritter gegen die Windmühlen, gegen die Straßenbaumaschinen, gegen die Straßenbauwalze.

Nein, ich heiße nicht Quijote. Sie sind ein Spaßvogel! Richtig, Sie sind Bauunternehmer, Don Quijote ist Ihnen wurst. Sie und Don Quijote, was für eine Begegnung! Ich selbst? Vielleicht doch ein bißchen Quijote. Wir alle waren damals etwas quijotisiert.

Ich meine: ein wenig Don Quijote, etwas übertrieben ... Schwer zu erklären — bei dem Krach. Später, wenn sich die Maschine entfernt ...

Ich sagte schon: Nicht von La Mancha, aber ein Zeitgenosse. Ich, wie ich heiße? Warum nicht? Bitte schön, ich brauche es nicht zu verheimlichen: Orellana, Francisco de Orellana.

Ach, Sie meinen: Reporter? Als Reporter bin ich suspekt? Warum? Wegen der Geschichte mit den Indianern? Ach so, es hat also auch hier schon Zwischenfälle gegeben, ich meine Zwischenfälle mit den Indianern. Wie? Sie sagen, geht mich nichts an? Die Presse? Ich sage doch: Ich bin nicht von der Presse. Missionar? Daß ich nicht lache! Ich und ein Priester! Wie kommen Sie darauf? Sehe ich wie ein Priester aus? Ach so, Sie meinen Priester incognito. Zu meiner Zeit konnte man sie allerdings leichter erkennen. Aber Christus, den hat man auch damals am allerwenigsten erkannt.

Sie mögen also die Priester nicht? Ich frage, warum Sie die Priester von heute nicht mögen? Subversive Gesinnung? So, finden Sie. Ist denn der Priester nicht zuerst für die Unterdrückten da? Für die Ordnung, sagen Sie. Natürlich, vom Standpunkt der Polizei und der Bauunternehmer. Die Indianer, fürchten Sie, werden infiziert, kommunistisch infiziert. Werden sie darum gejagt, wie Tiere gejagt? Ja, ach so, nicht das richtige Wort, meinen Sie. Ich übertreibe, finden Sie. Sie nennen es nur eine Maßnahme zur Aufrechterhaltung der Ordnung der Zivilisation.

Wieso basta? Das geht mich doch etwas an, vielleicht sogar noch mehr als Sie, mein Herr. Haben Sie nicht gehört? Ich bin Francisco de Orellana. Ganz und gar unbekannt? Ja, wie schnell man vergessen wird. Macht nichts, ich bin darüber hinaus, Ehrgeiz in meiner Lage wäre absurd.

*Der Maschinenlärm hat sich inzwischen entfernt.*

Aber Sie, Sie sollten nicht so vergeßlich sein, etwas Geschichte, finde ich, kann Ihnen nichts schaden. Was führen Sie doch für eine geschichtslose Existenz mit Ihren Maschinen, als hätte es uns niemals gegeben. Aus unseren Irrtümern und Mißerfolgen, unseren Konflikten und unserer Schuld ließe sich doch einiges lernen. Mit Ihren Maschinen allein schaffen Sie es nicht, schaffen Sie es wirklich nicht. Ja, Straßen bauen, gut, das können Sie großartig. Aber was machen Sie mit den Menschen? Hier gibt es doch auch Menschen!

Sie haben andere Sorgen, behaupten Sie. Sie sind nur Bauunternehmer. Aber Ihre Gesellschaft, die Moral Ihrer Gesellschaft! Geben Sie doch nur zu, mein Herr, es ist eine Gesellschaft von Ausbeutern. So, wer das sagt, ist in Ihren Augen schon ein Marxist. Wenn schon kein Priester, dann eben Marxist. Oder meinetwegen auch ein Anarchist. Ausgerechnet Francisco de Orellana ein Anarchist! Das ist ein Witz.

Nein, das ist kein Witz, das heißt, für Sie ist einer, der denkt, einfach ein Asozialer, ein Anarchist. Aber es muß doch erlaubt sein, sich Gedanken zu machen, was aus all dem werden soll. Sie bauen die Straße, gut, und dann pumpt man hier das Öl aus der Erde, wo man früher den Bäumen den Gummi abgezapft und wo man seit je die Menschen nicht anders als Gummibäume, ja Gummibäume, ausgebeutet hat.

Um genau zu sein, um ehrlich zu sein: Wir, wir haben den Anfang gemacht. Aber damals ging es nicht um Gummi und erst recht nicht um Öl, sondern — viel feiner — um Gold. Es ist allerdings schon sehr lange her, oder vielleicht ist es gar nicht so lange her. Man könnte fast sagen, daß es erst gestern passiert ist.

Sie halten mich wohl für ein bißchen verrückt? Warum soll ich nicht ein bißchen verrückt sein? Das kommt davon, daß ich noch immerfort unterwegs bin. Da habe ich die Zeiten ein bißchen zusammengerückt, die Perspektive hat sich mir ein bißchen verschoben. Die Zeiten überschneiden sich in diesem Raum. Der Raum verschluckt die Zeit, und die Akteure von gestern und heute sind durcheinander geraten. Ob ich von gestern bin und Sie von heute oder umgekehrt, ob Sie von gestern sind und ich von heute, spielt kaum eine Rolle. Wir haben uns gegenseitig nichts vorzuwerfen, mein Herr, ich meine, wir kennen einander, wir wissen, was wir voneinander zu halten haben. Wir sind austauschbar, wir Ausbeuter, wir Conquistadoren.

Jetzt wissen Sie, wer ich bin. Sie brauchen nicht länger zu raten. Nein, Sie wissen nicht, wer ich bin. Sie wissen ja nicht einmal, wer Sie selber sind. Raten Sie weiter, erraten Sie mich, so erraten Sie sich. Ich sage Ihnen, je mehr man nachdenkt, wird man sich selbst ein schreckliches Rätsel.

Ja, was waren wir doch für eine ungeheuerliche Gesellschaft, besessen von Goldgier und Gottvertrauen. Sie sind, wie ich vermute, ein christlicher Unternehmer. Bedenken Sie als solcher unser christliches Unternehmen, diese Expedition nach dem Goldland, nach dem dorado, dem Paradies, halb Verbrechen und halb Mission, höchst zweideutig.

Gewiß ist da etwas, was uns unterscheidet. Sie, meine Herrschaften, kommen mir so verdammt eindeutig vor. Ich will sagen: Sie wissen nichts von Ihrer Zweideutigkeit, das regt mich auf. Sie empfinden offenbar keinen Konflikt, keinen Widerspruch. Sie dirigieren ohne Skrupel Ihre kolossalen Maschinen. Sie sind sicherlich für Ihre Person bei weitem intakter, als unsereiner gewesen ist. Sie gebieten über eine perfekte Organisation. Nicht wahr, Sie sind nicht korrupt? Vielleicht nur ein wenig. Aber, ehrlich gesagt, in Ihrer Haut möchte ich dennoch nicht stecken. Nein, ich möchte doch nicht mit Ihnen verwechselt werden. Sie sind so banal, und wir waren Träumer. Sie haben unsere Träume banalisiert. Sie sind das banale Ergebnis unseres Traums. Leider sind wir jetzt nicht mehr auseinander zu dividieren, wir müssen einander in die Augen schauen. Sehen Sie mich an, vielleicht erkennen Sie in mir etwas von dem Traum, der in Ihnen pervertiert ist. Sie sind mir Ihres Unternehmens zu sicher, Sie haben offenbar keine Skrupel. Doch in mir könnten Sie sich Ihrer verlorenen, Ihrer nie gefühlten Skrupel entsinnen. Ohne Skrupel ist man nichts als ein Kommissar.

Gewiß, wir waren brutal und habgierig, doch wir waren nicht ohne Skrupel. Wir waren sogar auf eine furchtbare Weise fromm. Wir hätten unsere Expedition nicht ohne priesterlichen Beistand unternommen. Wir brauchten Rückendeckung bei Gott, wie wir ihn verstanden. Wir wollten nicht nur erobern, wir wollten bekehren. Dazu hatten wir den Erzbischof von Lima mitgenommen. Wir suchten das Goldland, wir glaubten aber, dafür den Gott der Christen mitzubringen. Das heißt, wir glaubten das Land für Christus und seine Kirche entdeckt zu haben.

Nein, wir haben El Dorado nicht gefunden, und ich bin mir nicht sicher, ob es wirklich Gott war, den wir mitgebracht hatten. Ich meine, ob der christliche Gott überhaupt mit uns gewesen ist. Vor allem: Ich bin mir nicht sicher, wer ich selber war, ein Entdecker oder ein Verräter, ein Held oder ein Schurke. Ich bin mir selber ein Rätsel. Nicht nur mir selbst. Ich bin Ihr Rätsel.

*Der Maschinenlärm kommt allmählich wieder näher.*

Sie müssen versuchen, mich aufzulösen, mein Herr. Oder haben Sie noch nicht einmal bemerkt, daß es dieses Rätsel, diesen Widerspruch gibt? Vielleicht ist dies alles ein gigantischer Irrtum. — Verdammter Maschinenlärm! — Ist Ihnen das noch nicht aufgegangen? Ich meine, der Irrtum? Wir haben dies Volk auf den Namen unseres Irrtums getauft. Indianer! Ich sage, ein Irrtum. Haben Sie noch nie darüber nachgedacht? Ein falsches Vorzeichen, mein Herr. Auch Ihre Maschine hat ein falsches Vorzeichen. Darum ist dies alles hier so entsetzlich verzerrt, so tragisch verkehrt, so pervertiert. Und Sie, Sie merken nicht einmal, daß Sie in einer Tragödie agieren. Ja, in einer Tragödie. Auch Sie können nicht mehr zurück, wir alle können nicht mehr zurück.

Wir konnten auch damals nicht mehr zurück. Ich sage: Ich konnte nicht mehr zurück. Damals, auf dem Weg ins Goldland, auf meiner großartigen, verfluchten Expedition. Ja doch, verflucht. Es begann mit einer Schurkerei.

Nein, keine Schurkerei, ich mußte so handeln, ich konnte nicht mehr zurück, ich rebellierte. Ich machte Geschichte mit meiner Rebellion, ich, Orellana. Können Sie sich's nicht merken? Francisco de Orellana, Generalleutnant. Mein General war Pizarro,

Gonzalo Pizarro, mein Freund. Ich habe meinen Freund im Stich gelassen. Ich habe ihn im Stich gelassen, aber ich lasse nichts auf ihn kommen. Keiner von diesen bourgeoisen Moralisten hat ein Recht, meinen Freund Gonzalo Pizarro zu schmähen. Er besaß Größe. Da gibt's nichts zu deuteln. Er war nicht gut, aber er hatte Format. Wer zu Hause bleibt, der kann mühelos gut sein, der macht nicht Geschichte. Gonzalo hatte den Aufbruch gewagt. Im gebührt die Ehre der Amazonasentdeckung.

Ich habe den Amazonas für ihn entdeckt, den Amazonas, ja, vom Fuße der Anden bis zum Atlantik. Für ihn, nicht für Sie, nicht für die Ölbohrer, die Gummizapfer, die Händler, die Ausbeuter, die Jäger, die Menschenjäger, die Kommissare, die unseren Traum korrumpierten. Diesem Traum zuliebe ließ ich ihn im Stich. Ich sagte doch: Gonzalo Pizarro, meinen Chef. Ich opferte ihn unserer Fiktion. Ich brach ihm die Treue, weil ich unserem Unternehmen treu war.

Ausrede? Wer sagt: Ausrede? Hören Sie zu! — Diese verdammte Maschine! Man kann sich nicht verständlich machen. Man versteht nichts. Verstehen Sie mich, mein Herr? — Können Sie das überhaupt verstehen? Ich meine die Tugend des Ungehorsams. Sie, Sie können nicht ungehorsam sein. Sie funktionieren. Sie funktionieren viel zu gut. Das ist Ihr Defekt. Studieren Sie den Ungehorsam, studieren Sie den Fall Orellana. Blicken Sie mich an, verlernen Sie Ihre banale Eindeutigkeit, Ihre fatale Sicherheit. Lerner Sie, was es heißt, ungehorsam sein zu müssen.

Gut, analysieren wir die Rebellion. Meinetwegen, plädieren Sie gegen mich. Ich, ich möchte es so, machen Sie mir den Prozeß. Ich behaupte nicht im Recht zu sein. Wer den Ungehorsam wählt, setzt sich ins Unrecht. Die Geschichte verlangte mein Unrecht.

Halt, war es wirklich die Geschichte? Oder war es mein Ehrgeiz? Aber wir mußten doch vorwärts. Wie, mußten wir nicht vorwärts? Mußte ich vorwärts? Wir waren gescheitert. Ja, doch, wir konnten nicht weiter, wir saßen fest, mitten im Urwald am großen Strom im Wasserlabyrinth, das ganz Expeditionskorps. Wir waren am Ende, wir waren verzweifelt, wir hungerten, wir waren demoralisiert. Der Dschungel drohte uns zu verschlingen. *Der Maschinenlärm entfernt sich von neuem.*

Pizarro war krank, unser Traum, der Traum von dem Dorado lag im Sterben. Im Sterben? Nein, das stimmt nicht. Pizarro, elend, fieberkrank, gab dennoch nicht auf, gab nicht den Traum vom Dorado auf, diese Fiktion, diesen Irrsinn. Ist das kein Irrsinn, mein Herr, mit einem ganzen gepanzerten Heer über die eisigen Anden hinweg in den kochenden Dschungel des Amazonas zu ziehen, Wochen, Monate, ins Ungefähre, Unberechenbare, Unabsehbare? Sie, mein Herr Unternehmer, Sie verstehen zu organisieren, Sie setzen Ihre Riesenmaschinen in Marsch, langsam Schritt für Schritt, unwiderstehlich. Ein paar Giftpfeile aus dem Gebüsch, von verstörten Indianern abgeschossen, halten Ihren Vormarsch nicht auf. Ihre Apparatur funktioniert. Sie funktionieren, die Maschine gehorcht. Sie sind gehorsam, Sie sind nicht Orellana. Orellana meuterte.

Halt, wer war es, der meuterte? Hat uns Pizarro nicht selbst zur Meuterei gezwungen? Ich, ich wollte nicht, ich wollte bleiben, ich weigerte mich, als Pizarro seinen Traum auf mich zu delegieren gedachte. Wer behauptet, daß ich von Anfang an zum Ungehorsam entschlossen war?

Ich hielt zu meinem Freund, dem General, obwohl seine Taktik verkehrt war. Ich meine, wie er die Indianer behandelte, wie er den christlichen Soldaten die Jagd auf Menschen erlaubte, wie er es zuließ, daß man die Nackten verspottete, massakrierte und exekutierte.

Es war grausam und dumm zugleich. Wir hatten doch, um die Heiden zu taufen, sogar einen Erzbischof mitgeführt. Wie, habe ich eigentlich darum gemeutert, habe ich wegen der ungetauften Indianer gemeutert, habe ich mich über die Menschenjagd empört? Wir müssen genau sein, mein Herr, wenn wir diesen prekären Fall untersuchen.

Nein, ich habe nicht wegen der Indianerverfolgung gemeutert, ich war nicht Anwalt der geschändeten Kreaturen, ich selbst war nicht der liebevolle Bote des Christengotts. Ich fand nur, man könnte die Wilden besser gebrauchen. Ich fand es besser, sie nicht zu Feinden zu haben; ich hielt es für richtiger im Interesse der Expedition, hielt es für praktischer, die Indianer zu schonen. Sie waren uns nützlich, wenn wir mit ihnen taktisch verfuhren. Ich ging klüger, taktischer mit den Wilden um. Sie verschafften uns Nahrung, sie kannten den Weg.

Manchmal merkten wir, daß auch die Indios Menschen waren. Wir fanden, daß man sich ihrer Freundlichkeit und Ahnungslosigkeit bedienen konnte. Wir bestachen ihre Kaziken, wir spionierten sie aus, wir benutzten sie als unsere Agenten. Ich war kein Indianerfreund, kein Menschenfreund; ich bin nur ein höflicher, ein geschickter Ausbeuter gewesen.

Die Vorhut kam vorwärts. Ich führte die Vorhut, ich hatte Erfolg, wir kamen voran. Der General vertraute mir, vertraute mir seinen Traum an. Er ernannte mich zu seinem Vertreter, ich meine, zu seinem Verräter.

Fragen Sie doch! Warum fragen Sie nicht? Sie sollen gegen mich plädieren. Gibt es denn für Sie so wenig zu fragen?

Zum Beispiel: das Schiff. Wer befahl eigentlich, nachdem wir an den Strom gelangt waren, das Schiff zu bauen? Warum ein Schiff? Ich erinnere mich, ich hielt es für Unsinn, ich widersprach. So ist es immer mit mir gewesen: was ich für verkehrt hielt, mußte ich tun, damit es richtig wurde. Also: ich bekam das Kommando über das Schiff. Wir hatten den Auftrag, stromabwärts das Gebiet zu erkunden und für die hungernde Expedition Proviant zu beschaffen. Wir nahmen das große Gepäck, die Feuerwaffen samt Munition sowie die Kriegskasse an Bord. Wußte ich eigentlich in diesem Augenblick, daß es unmöglich war, wenn wir erst einmal aufgebrochen waren, mit dem Schiff zu Pizarros Hauptquartier stromaufwärts jemals wieder zurückzukehren? Wie war das? Halten Sie es für möglich, daß ich das Kommando über die Brigantine annahm, weil ich wußte, daß das Kommando die Chance, nein, nicht die Chance, vielmehr den Zwang zum Ungehorsam enthielt?

Ich würde sehr gerne von mir behaupten, daß ich mir meiner Mission deutlich bewußt gewesen bin, den Traum zu retten, indem ich Pizarro, den General unseres Traumes, verriet. Ich wüßte gern, daß es Gott war, der von mir den Ungehorsam verlangte. Oder wollte Gott als himmlischer Schirmherr aller Obrigkeit und Autorität den unbedingten Gehorsam von mir auch um den Preis, daß unsere Expedition scheiterte? Das heißt, hätte ich nicht wenigstens den Versuch machen müssen, mit der Vorhut stromaufwärts zum Hauptquartier, wo Pizarro verzweifelt auf uns wartete, zurückzufahren oder im Notfall zu Land zurückzumarschieren? Wäre das logisch gewesen? Oder finden Sie etwa, daß der Leutnant Sanchez de Vargas, der dem Pizarro fanatisch ergeben war, richtig gehandelt hat, als er den ebenso furchtbaren wie sinnlosen Rückmarsch für sich alleine antrat, nachdem die meuternde Vorhut stromabwärts losgesegelt war?

Wieso meuternde Vorhut? Man könnte auch sagen, daß der Leutnant de Vargas meuterte. Ich, Orellana, befand mich jetzt in der Legalität. Die Rebellion war durch ein Schriftstück, das die gesamte Mannschaft außer Vargas unterzeichnet hatte, legalisiert. Es war die Elite der Expedition. Auch der Erzbischof begleitete uns. Es war keine leichtsinnige Meuterei. Die Argumente für den Entschluß, die Fahrt nach vorwärts fortzusetzen, waren sorgfältig erwogen. Auch der Erzbischof hatte das Dokument, das mich zum Ungehorsam verpflichtete, unterschrieben. So war ich juristisch und gewissermaßen auch kirchlich gedeckt. Trotzdem sträubte ich mich. Ich habe es mir nicht leicht gemacht. Wieso, wer behauptet, daß ich aus Taktik zögerte? Ich wußte, daß ich von nun an mit dem Makel der Treulosigkeit behaftet war. Ich nahm die moralische Schuld auf mich, aber ich rettete die Idee der Expedition. Ich korrigierte den Traum. Mit Pizarro war nichts mehr zu machen. Ich opferte ihn und sein ganzes Korps.

Man hat mir später gesagt, daß er schließlich doch noch mit dem dezimierten Gros in einer heroischen Anstrengung aus dem

Urwald wieder aufgetaucht sei. Ich bewundere ihn, aber er wäre besser im Urwald verschollen, im Dschungel versunken, vom Strom weggeschwemmt, anstatt bei Cuzco schmählich als Hochverräter auf dem Schafott zu enden. Doch das ist nicht mein Problem. Für mich war Gonzalo Pizarro tot im Augenblick, als wir mit unserem Schiff, der stolzen Viktoria, vom Urwaldufer abgestoßen waren, — wohin? — Ja, wohin?

*Der Maschinenlärm kommt wieder näher.*

Nicht doch, nicht doch, wir brauchen uns hier keine Reiseabenteuer zu erzählen, keine Amazonasromantik aufzutischen. Das liest man am besten in den Büchern der Dichter nach. Unser Chronist, der Erzbischof Pater Carvajal, hat alles genau beschrieben: die phantastische Fahrt den Strom hinunter zum Ozean, die wilden Kämpfe mit den Indios, unsere Wunden, unsere Ängste und unsere Entbehrungen. Wir waren keine Touristen, wir haben Weltgeschichte gemacht. Aber was für eine Geschichte!

Was haben wir eigentlich begonnen? Und was ist daraus, mein Herr, unter Ihren Händen geworden? Wir haben den Erdteil mit unserer Brigantine durchquert, wir haben den Kontinent entdeckt und entzaubert; und er ist zum Schauplatz eines monströsen Elends geworden. Wir haben El Dorado, das Goldland, das Traumland, das irdische Paradies vergebens gesucht, aber wir haben als Morgengabe etwas von unserer eigenen Hölle mitgebracht. Ich übertreibe, finden Sie. Gut, ich habe übertrieben, ich korrigiere mich. Wir haben auch unser Christentum importiert.

Pater Carvajal hat uns überall treulich begleitet, Pater Carvajal ist unser Erzbischof geblieben. Er ist der Erzbischof der Conquistadoren geblieben. Die Kirche, die von uns importierte, hat die Indios wohl getauft, aber wir haben weiter die Getauften ausgebeutet und die Sakramentalisierten erniedrigt. Wir haben die Sakramente als Mittel der Unterwerfung benutzt. Sobald sich aber ein Priester der Elenden und der Verfolgten erbarmte, wurde er von der Conquistadorengesellschaft subversiver Machenschaften verdächtigt. Nein, nicht unser Feldbischof Carvajal, aber Ihr großherziger roter Erzbischof, Ihr subversiver Erzbischof Helder Cámara. Ein priesterlicher Don Quijote.

Im Grunde ist doch wohl das Christentum, wo es christlich war, immer eine rebellische Angelegenheit gewesen, wie? Dem Nackten zu verkündigen, daß auch der Nackte, der Ausgebeutete, ein Recht darauf hat, ein Mensch, ein Sohn Gottes zu sein, nicht wahr, das ist subversiv? Die Wahrheit, mein Herr, ist immer subversiv. Aber Sie und Ihresgleichen, Sie bringen die Wahrheit immer mit der Subordination in Verbindung. Sie wollen, daß man sich Ihrer Wahrheit, Sie meinen, Ihrer Ordnung unterwirft. Sie verteidigen die Wahrheit der Conquistadoren.

Wagen Sie doch, der Wahrheit der Conquistadoren ins Auge zu schauen! Sehen Sie mich an! Ich bin ein Zeuge, ein Zeuge nicht der Fleischwerdung, sondern der Zerfleischung der Wahrheit, der Desinkarnation. Verstehen Sie? Auf diesem Kontinent, dem Kontinent der Conquistadoren, wird die Wahrheit auf eine absurde Weise desinkarniert. Keiner weiß, welches das größere Übel ist, die Ordnung der Ausbeuter oder der Aufstand der Ausgebeuteten, die Ordnung oder die Ordnungslosigkeit, die Diktatur oder die Anarchie. In jedem Falle wird der Mensch und in jedem Menschen der Sohn Gottes gejagt.

*Der Lärm der Straßenbaumaschinen bricht auf einmal ab.*

Plötzlich diese Stille, fast beklemmend, nicht wahr? Das Schweigen nach dem Gedröhn. Es muß sehr schwer für Sie sein, das feierabendliche Schweigen zu ertragen, wenn man den ganzen Tag unter dem Dröhnen der Maschine gelebt hat. Jetzt spürt man erst wieder, wie empfindlich die Worte sind. Oder hören Sie das schon nicht mehr? Die Zweideutigkeit der Worte, die Unter- und Obertöne des Gesagten, alles, was aus den unkontrollierbaren Tiefen des Schweigens mitspricht?

Hören Sie zum Beispiel dieses leise Dong-Dong? Sie hören es nicht? Passen Sie auf! Nichts? Natürlich nichts, die Maschine hat Sie dafür ganz taub gemacht. Aber glauben Sie mir, es ist deutlich zu hören aus der Tiefe des Raums, ich meine: aus der Tiefe der Zeit. Dong dong — dong dong — dong dong dong, die Urwaldtrommeln. Sie begleiteten uns während der Fahrt auf dem Strom, auf der Suche nach dem Goldland, dem Traumland: Dong dong.

Wir kamen nicht an. Es zog sich vor uns zurück. Je tiefer wir eindrangen, desto weiter entfernte sich das uns nicht verheißene Land. Die Enttäuschten aber plünderten in ihrer Wut die armseligen Dörfer der Wehrlosen, die Erbitterten massakrierten die Nackten und vergewaltigten die Gefangenen. Die Eroberer kreuzigten Gott und zerfleischten die Wahrheit.

Ich, ich hatte eine epochale Entdeckung gemacht; aber mir genügte meine Entdeckung nicht, diese Wahrheit war mir zu wenig. Ich hatte doch um des Dorado willen die Schuld der Treulosigkeit auf mich geladen. Die Schuld mußte mit El Dorado eingelöst werden. So unternahm ich von Neuem die ungesegnete Fahrt, so riskierte ich diesmal die Fahrt den Amazonas stromauf, so bin ich als Orellana conquistadorenhaft noch immer unterwegs, noch immer im Aufbruch.

Das Abenteuer ist noch längst nicht zu Ende. Ich durchquere den Kontinent, durchquere die Zeit. Dong dong — dong dong. Ich suche das Traumland, aber überall treffe ich nur auf die schmutzigen Spuren der Schuld, auf die Spuren der Verfolger und der Verfolgten, der Unterdrücker und der Unterdrückten, der Kommissare und der Rebellen. Dong dong — dong dong. Hören Sie, wie es ruft?

Ich weiß nicht, ist es der Traum oder ist es die Schuld, was mich nicht ruhen läßt. Ist es die Sehnsucht nach dem Dorado oder die Versündigung an dem Dorado? Dong dong — dong dong. Was für ein rätselhaftes Signal! Schwer zu entziffern. Ruft es oder verruft es mich? Wird womöglich vor mir gewarnt? Ist es ein Warnruf, ein Angstruf aus dem Herzen des Kontinents? Ist es ein Appell oder ist es ein Alarm? Hören Sie den Alarm, die Signale der Angst, den Appell der Verzweifelten? Hören Sie? Es geht doch auch Sie an! Hören Sie wirklich nichts? Sind Sie denn taub? Oder sind Sie überhaupt schon gar nicht mehr da? Bin ich allein, muß ich allein die Signale der Angst und der Not dieses Kontinents dechiffrieren?

*Der Unternehmer ist längst davongefahren, auch die Arbeiter haben sich entfernt. Der Fremde ist allein zurückgeblieben zwischen den abgestellten monströsen Maschinen am Rande des Waldes, aus dem einige Indios aufgetaucht sind, die ihn mit verschlossenen Mienen, unbewegt und schweigend ansehn.*

DER MANN

MIT DEM SALBENGEFÄSS

*Es ist dunkel in der kleinen Kirche geworden. Nur auf der Orgelempore brennt noch ein dürftiges Licht. Der Organist ist ganz in sein Spiel auf der alten, ein wenig asthmatischen Orgel vertieft; deshalb hört er nicht die leise Stimme des Mannes mit dem Salbengefäß. Der Mann mit dem Salbengefäß steht inmitten der Trauernden des Beweinungsaltars. Es ist die zögernde Stimme eines Mannes, der lange geschwiegen hat. Erst allmählich gewinnt seine Stimme an Festigkeit:*

Jetzt ist es soweit. Der Kaplan hat sein Karfreitags-Pensum erledigt und ist durch die Sakristei nach Hause geeilt. Er hat es heute besonders eilig gehabt. Mit den Lesungen ist er noch schneller fertig geworden als sonst. Er leidet offensichtlich unter dem Mechanismus der Liturgie. Ohne es schon wirklich zu wissen, zweifelt er an der verwandelnden Macht des sprachlichen Rituals. Daher die innere Nervosität, die Eile.

Der Herr Lehrer auf der Empore läßt sich dagegen auch heute viel Zeit. Er hat zu Hause wohl wieder seinen Ärger gehabt; daher weint er sich so richtig auf seiner Orgel aus. Ich selbst neige auch zur Sentimentalität. Die Musik wäre mir früher zu einer großen Versuchung geworden. Es war gut, daß ich mit festem Material zu arbeiten hatte. Wenn ich noch einmal anfangen könnte, würde ich mich ausschließlich mit dem härtesten Stein beschäftigen. Mit diesen Händen ist freilich nichts mehr zu machen.

*Die Orgel schweigt, das Licht auf der Empore wird ausgelöscht. Nach einiger Zeit läßt sich wieder vom Altar her die Stimme vernehmen:*

Der Herr Lehrer hat sich ausgeklagt und ist still durch die Seitenpforte verschwunden. Jetzt ist es soweit. Vorsichtig löse ich mich von der kleinen Trauergemeinde, die den am Boden liegenden Leichnam des Gekreuzigten umgibt, behutsam bewege ich mich an den weinenden Frauen, an dem Jünger, der die Mutter Jesu tröstet, ... so ... vorbei. Ich trete aus dem Relief, aus diesem permanenten Karfreitag heraus. Ich trete aus meinem eige-

nen Altar heraus — und zwar endgültig … So … so trete ich
aus meiner eigenen Geschichte heraus … Ah …

*Auf dem Steinfußboden zerklirrt ein Gefäß.*

Das Salbengefäß! In lauter Splitter!

Die Schwäche meiner Hände ist leider geblieben. Für Steinmetz-
arbeiten sind sie in der Tat nicht mehr tauglich … Um das
Salbengefäß ist es nicht schade. Ich hätte damit nichts mehr
anfangen können. Irgend etwas mußte ja auch in Scherben gehen
bei diesem Abschied von meiner Vergangenheit, von der Vergangenheit dieser Kirche und dieses Altars.

Ob man mich wirklich vermissen wird, mich, eine Nebenfigur?
— Doch, man wird. Die Komposition ist ja gestört. Nur die
Komposition? Etwas viel Schlimmeres ist passiert. Wenn morgen
früh die Meßnerin kommt und auf die Scherben vor dem Altar
tritt, — vielleicht sollte ich die Scherben beseitigen? — aber
wenn sie dann — welch ein Schrecken! — wenn sie dann die
Lücke in der Figurengruppe bemerkt, — welch eine Aufregung,
welch ein Geschrei! Der Kaplan ist ratlos. Gemeindevorstand
und Polizei werden alarmiert: Eine Gestalt in der Mitte der
Beweinung Christi fehlt, der Mann mit dem Salbengefäß ist
verschwunden! Wie war das möglich? Wer hat ihn entfernt?
Wie konnte er sich entfernen? Ein großes Rätselraten beginnt.
Wieso ausgerechnet der Mann mit dem Salbengefäß? Die Figur
des Johannes ist doch ikonographisch und theologisch sicher bei
weitem bedeutender, von dem Gekreuzigten und von der Maria
ganz zu schweigen! Wer steckt hinter dem Mann mit dem Salbengefäß?

Immerhin: der Mann mit dem Salbengefäß stand im Mittel-
punkt der Komposition, — viel zu sehr, finde ich heute. Ich
hätte ganz am Rande bleiben sollen wie damals in Creglingen.
Aber gerade deshalb mußte ich als Mann mit dem Salbengefäß
hier an dieser Stelle meinen Auszug vollziehen.

Bestimmt wird nun allenthalben groß über die Kirchenschän-
dung lamentiert. Sie werden nach einem Schuldigen suchen, aber
sie werden die falschen verdächtigen, anstatt sich zu fragen: Wer

ist der Mann mit dem Salbengefäß, wer ist es, der sich in das Zentrum der Beweinung Christi gestellt hat? Einige Kunsthistoriker bestreiten es freilich, daß ich der Mann mit dem Salbengefäß sei; doch habe ich ihnen jetzt den untrüglichen Beweis geliefert. Denn wer könnte diesen Schritt aus dem Altar heraus getan haben, wenn nicht ich selbst, der, der ihn schuf, — Meister Tilman!

Was aber nun? Ich muß mir jeden weiteren Schritt meines Exodus genau überlegen, damit ich den Häschern nicht in die Arme laufe. Sobald sie begriffen haben, wer ich bin, werden sie um jeden Preis meiner habhaft zu werden versuchen. Ich habe noch einige Stunden Vorsprung. Aber dann setzt eine unbarmherzige Fahndung ein. Was werden sie mit mir tun, wenn ich in ihre Hände geriete? Ob sie gleich mit der peinlichen Befragung, der Folter, beginnen? Sie werden mir sicher das Recht, mich von meinem Posten wegzubegeben, bestreiten. Sie werden darauf bestehen, ich hätte mich weggestohlen, ich hätte mich selber weggestohlen aus dem Altar. Aber, so werde ich meinen Anklägern erwidern, es ist mein Altar, mein eigenes Werk. Man kann von mir nicht verlangen, in alle Ewigkeit an ein und derselben Stelle zu trauern. Ich möchte endlich aus dieser Beweinung heraus. Es gibt bei Gott noch andere Möglichkeiten, nicht wahr?

Ich merke, man versteht mich nicht. Oh, ich habe damals einen großen Fehler gemacht: ich hätte mich nicht in die Mitte des Altars hineinkomponieren dürfen. Aus einer Nebengruppe hätte ich mich leichter wegstehlen können als aus dem Zentrum der Komposition. Ob es nicht doch eine Anwandlung von Eitelkeit war?

Allerdings, ich bin ein ziemlich erfolgreicher Schnitzer und Steinmetz gewesen. Warum sollte ich mir nicht ein kleines Denkmal setzen? Aber nein, das allein ist es wahrhaftig nicht gewesen. Ich gehörte wirklich zu den Trauernden, ich war wirklich ganz vom Geist des Karfreitags erfüllt. Es war eigentlich weniger Eitelkeit als ein andächtiger Selbstbetrug. Ich glaubte, ich könne mich ganz in den biblischen Karfreitag hineinverwandeln, völlig aufgehen in der Beweinung Christi, mich zum Verschwinden bringen in der unveränderlichen Hinwendung zu dem Gekreuzigten.

Ist es möglich, sich so zum Verschwinden zu bringen? Was für eine Anmaßung aus Frömmigkeit! Inmitten der Trauernden bin ich doch immer ich selbst geblieben. Und ich will es auch bleiben, ich will es. Ich lasse mir meine Identität nicht bestreiten. Meine Ankläger wollen mich zu einer Nebenfigur degradieren, die keinerlei Recht, sich aus dem Altar zu entfernen, besitzt. Sie nennen es eine Verstümmelung, eine Schändung, eine Blasphemie. Und wenn auch — so behaupten sie — der Mann mit dem Salbengefäß mit Meister Tilman tatsächlich identisch sein sollte, was aber von den Experten bezweifelt wird, so bleibe dennoch der Heraustritt aus dem Altar eine frevelhafte Beraubung des Heiligtums, also ein crimen laesi majestatis Dei. Ist das nun juristisch oder ist das theologisch gemeint? Oh, meine Ankläger verstehen sich vorzüglich darauf, das Theologische mit dem Juristischen zu verquicken. Der Altar wäre also nicht mehr mein Altar, nicht mehr meiner Hände Werk, sondern der Altar der Kirche, ein mir entrücktes Heiligtum. Und Meister Tilman selbst wäre persönlich ohne Bedeutung; der Mann mit dem Salbengefäß hätte also nur noch die Funktion eines Beweinenden? Das, so behauptet man, ist sein character indelebilis.

Nein, nein, ich erhebe Einspruch gegen diesen ekklesiastischen Trick, mit dem man mich mir selbst zu entfremden trachtet. Ich bin mehr oder — je nach dem — auch weniger als der Mann mit dem Salbengefäß; jedenfalls ein anderer. Ich widerrufe mein Werk. Ich widerrufe meine Altäre. Ich widerrufe meine allzu sanften, allzu lieblichen Madonnen, meine allzu frommen Apostel und meditierenden Jünger. Ich kann zwar keine anderen Altäre mehr schnitzen, keine Gegenaltäre mehr meißeln; denn Ihr habt mir meine Hände zerbrochen. Aber ich vollbringe den einzigen Akt, mit dem ich ganz übereinstimmen kann: ich widerrufe diese andächtige Weltvergessenheit meiner Altäre, die Ihr bewundert, nachdem Ihr mich zugrunde gerichtet habt. Ich trete aus diesem verschlüsselten Schrein in die profane Welt heraus.

Meine Ankläger, Sie verstehen also noch immer nicht meine Motive? Dieser Widerruf ist allerdings schwer zu verstehen, ich bin selbst darüber erschrocken. Lassen Sie uns also bitte Geduld miteinander haben. Bedrängen Sie mich doch nicht! Ich beginne erst allmählich den Prozeß zu begreifen, in dem ich mich befinde, diese Loslösung aus dem Bild, mit dem wir uns selbst so fromm betrogen haben. Sie dürfen nicht denken, daß ich mich schmerzlos aus der bergenden Hülle des Altars entferne. Ich war geborgen in diesem Selbstentfremdetsein, ich hatte mich in mein eigenes Bild hineinverloren.

Um mich herum all die Figuren der Andacht, die mystischen Beter, die in ihrer milden Traurigkeit befangenen Seelen! Woher diese Traurigkeit, diese johanneische Schwermut? Könnte es nicht sein, daß ich schon immer etwas von der Unwirklichkeit meiner scheinbar unangefochtenen Frömmigkeit ahnte? Ahnte ich in meiner durch die äußeren Lebensumstände durchaus nicht begründeten Schwermut den Mangel an konkreter Gegenwärtigkeit? Wie war das eigentlich? Wie war meine Situation? Ich versuche genau zu sein.

Ich schnitzte und meißelte also meine Altäre, während sich um mich herum die von meinen klerikalen Auftraggebern unterdrückten Proletarier gegen die Herrschaft der Altäre empörten. Von den Kämpfen der Verzweifelten war nichts zu vernehmen in der scheinbar heilen Welt meiner sakralen Werkstatt. Ich meißelte mich selber ein in den klerikalen Karfreitag, um den wirklichen Karfreitag, den Karfreitag der Verachteten und Verfolgten, der Gefolterten und Gehenkten, vor der Tür meiner Werkstatt nicht sehen zu müssen. Der Karfreitag um mich herum war grauenhaft häßlich. Und ich schuf für die Schriftgelehrten, die Richter und Henker unseres Karfreitags die Heiligenbilder, die den Blick von dem wirklichen Karfreitag ablenken sollten. Welch ein frommer, nein, welch ein gottloser Selbstbetrug! Sie werden es nicht für möglich halten, meine Ankläger,

— ich bin zu der Überzeugung gekommen, die Bilderstürmer waren mit ihrer schrecklichen Säuberungsaktion, biblisch gesehen, im Recht.

O ich höre Ihren wütenden Aufschrei. Ich höre Ihre verlogenen Argumente.

*Die Stimme Meister Tilmans verändert sich, als spräche aus ihm eine fremde Person:*

Allerdings, jedem anderen wäre dieser Ungehorsam, diese Rebellion leichter zu verzeihen als Meister Tilman, dem die Kirche die lautersten Zeugnisse einer mystischen Gläubigkeit verdankt. Dieser Gesinnungswechsel enttäuscht uns. Abgesehen von jenem bedauerlichen politischen Fehltritt in seinen späteren Tagen, der uns zu denken gibt, fanden wir in Meister Tilmans arbeitsreichem, untadeligem Leben niemals einen Anlaß, seine Loyalität gegenüber der geistlichen und weltlichen Obrigkeit zu bezweifeln. Seine Aufträge erfüllte er mit großer Gewissenhaftigkeit. Wenn er gelegentlich die Ablieferungsfristen nicht einhielt, so war der Grund nicht in irgendwelcher Nachlässigkeit, in irgendeinem Versäumnis, vielmehr in seiner übermäßigen Genauigkeit, in seiner frommen Pedanterie zu suchen. Man könnte allenfalls sagen, daß er zur Übertreibung der Innerlichkeit neigte.

Gewiß, einzelne seiner Apostel lassen in ihrer subjektiven Frömmigkeit eine gewisse protestantische Mentalität verspüren. Die Vermutung liegt nahe, daß er, ohne sich dessen freilich bewußt zu sein, mehr an dem Ausdruck des gläubigen Menschen als an den objektiven Glaubensinhalten interessiert war. Doch dies sind Nuancen, leichte Schatten auf einer anima candida, die, wie man zu wissen meint, niemals mit der lutherischen Ketzerei geliebäugelt hat wie so mancher zeitgenössischer Künstler. Meister Tilman verdient es, ein Mann der Mitte genannt zu werden.

Daß er — um doch noch einmal darauf zurückzukommen — sich als älterer Mann der Insubordination schuldig gemacht hat, ließe sich wohl aus seiner politischen Ahnungslosigkeit, seiner

Naivität in öffentlichen Angelegenheiten erklären. Natürlich, das entschuldigt ihn nicht. Mit dem gewalttätigen Bauernproletariat zu sympathisieren, das zeugte von einer Geistesverwirrung, die man allenfalls dem Steinmetzmeister, doch nicht dem Mitglied der städtischen Administration verzeihen konnte. In der Verwaltung war ihm zwar — wahrscheinlich wegen seiner politischen Unzulänglichkeit — nur das Krankenhausreferat anvertraut. Doch immerhin, — er war als Stadtrat mitverantwortlich für den hochverräterischen Kollegialbeschluß, der fürstbischöflichen Obrigkeit die militärische Unterstützung im Kampf gegen die unbotmäßige Plebs zu verweigern.

Aus dem Protokoll geht leider hervor, daß Meister Tilman ausdrücklich für die Meuterei optierte. Wir wissen, er war ein willensschwacher Mann, er fügte sich vielleicht aus Bequemlichkeit, vielleicht aus Ängstlichkeit, einfach der rebellierenden Mehrheit. Die wirren Zeiten, die urteilsfähige, unbeugsame Männer verlangten, wurden ihm bei seinem labilen Charakter zum Verhängnis. Die durchaus anerkennenswerten Leistungen, die er als Bildschnitzer und Steinmetz im Dienste der Kirche vollbracht hat, vermochten ihn freilich nicht zu entlasten. Wo kämen wir da hin! Wir konnten darin absolut keine mildernden Umstände sehen, als es um die Beurteilung seiner bürgerlichen Verfehlungen ging. Und so blieb ihm ebensowenig wie seinen Kollegen, den Bäckermeistern, Stellmachern, Schneidern und anderen Gewerbetreibenden, die unerläßliche peinliche Befragung erspart.

Man möge doch bitte nicht sentimental sein! Schließlich war unsere gesamte christliche Lebensordnung in Gefahr, der Verlust der Mitte drohte, der Untergang der abendländischen Kultur. Durften wir da auf seine künstlerische Begabung Rücksicht nehmen, zumal, da er sein Werk im wesentlichen abgeschlossen hatte? Neues war von seinen Händen sowieso nicht mehr zu erwarten.

Im übrigen möchten wir doch auch davor warnen, das individuelle Künstlertum zu überschätzen. Die objektive Ordnung vor individueller Willkür zu bewahren, ist uns in erster Linie aufgetragen. Der bindungslose Subjektivismus führt sonst zum Säkularismus, zur Entkirchlichung der Welt. Der sogenannte Künstler ist nur durch seinen Gehorsam gegenüber der göttlichen Schöpfungsordnung legitimiert und sonst durch nichts. Meister Tilmans Arbeiten in Holz und in Stein sind primär nicht sein Werk, sondern das Werk der heiligen Kirche, die ihn zum diakonischen Dienste berief. Sie allein bestimmte die Thematik, sie setzte die Norm. Wenn Meister Tilman wirklich mit den häretischen Gedanken gespielt haben sollte, — und seine Solidarität mit dem rebellischen Stadtrat gibt Anlaß zu diesem Verdacht — sollte er also insgeheim doch der menschlichen Subjektivität, dem eigenen Ich, den Vorzug gegenüber der objektiven göttlichen Doktrin gegeben haben, dann wären ihm auch unter diesem Aspekt allerdings mit Recht seine frevlerischen Hände zerbrochen.

*Meister Tilman schreit auf und spricht wiederum mit seiner eigenen gequälten Stimme:*

Ja, die Henker des Fürstbischofs haben mir meine Hände zerbrochen! Ich kann mit ihnen kein Bildnis mehr schnitzen, ich kann mit ihnen keine Figuren mehr meißeln. Und ich würde es heute sogar nicht einmal mehr wollen. Ich würde vielmehr meine eigenen Altäre zerschlagen.

Warum, meine Ankläger, tun Sie so erstaunt? Sie haben mir meine Altäre als Instrumente der Unterdrückung entfremdet: An den Stufen meiner Altäre wurden die Christen, indem man ihnen die Sakramente spendete, im Interesse der herrschaftlichen Kirche entmündigt. Sie wurden auf den von ihren Unterdrückern verwalteten Glauben fixiert. Die Unterdrücker haben sich meiner Hände bedient. Ich habe mit meinen Händen das Gefängnis des Glaubens gemeißelt, meine Hände haben Verrat an dem wirklichen Menschen geübt.

Als ich im Stadtrat meine Hand hob, um mit den anderen Räten gegen die Unterdrücker für die sich empörenden Bauern zu stimmen, da begann jener schmerzliche Prozeß, in dem ich mich noch immer befinde. Mein Gott, ja, es war noch eine zaghafte, eine ängstliche Geste. Es geschah gewiß nicht als ein leidenschaftliches Aufbegehren. Es fiel mir wahrhaftig nicht leicht. Mit Dankbarkeit dachte ich ja an den edlen Lorenz von Bibra, meinen bischöflichen Auftraggeber und Gönner. Noch kurz zuvor hatte ich ihn auf seinem Sarkophag in Marmor abgebildet. Ich vergegenwärtigte mir auch die von meinen Händen gemeißelten und geschnitzten andächtigen Jünger, ihre Geborgenheit im Glaubensgehäuse; und dann stellte ich mir die randalierenden Horden der Bauern vor, Brandstifter, Plünderer und Bilderstürmer. Mich schauderte bei dem Gedanken, daß sie ihre Empörung womöglich auch an meinen Figuren auslassen würden.

Ich fühlte mich hin- und hergerissen. Ich liebte die urbane Kultur, das spirituelle Sein. Ich hatte von Natur aus eine konservative Gesinnung, ich verhielt mich der lutherischen Reformation gegenüber distanziert. Für die theologischen Kontroversen fehlte mir das rechte Verständnis. Als ich im Stadtrat mich mit den rebellierenden Bauern solidarisch erklärte, dachte ich einfach an den rechtlosen und mißhandelten Menschen.

O nein, es war doch nicht so einfach. Ich erwog, als ich noch schwankte, ob ich den Bauern meine Stimme geben sollte, ich erwog, wofür sich Jesus jetzt entscheiden würde. Auf diese Frage hatte mir keiner, auch nicht der Doktor Luther, eine brauchbare Antwort erteilt. Gewiß, Thomas Münzers apokalyptisches Revolutionsmanifest erschreckte mich tief. Aber Doktor Luthers spitzfindige Antwort hat mich nicht weniger verstört: es ist in Wahrheit die Antwort der Unterdrücker, die Antwort meiner Henker gewesen. Um eine andere Antwort ist man offiziell bis auf den heutigen Tag in unseren Kirchen verlegen.

Doch, doch, mit denen, die mir die Hände zerbrachen, ist der Wittenberger auf verhängnisvolle Weise einig gewesen. Man weise mir meinen Irrtum angesichts dieser zerbrochenen Hände nach. Es schmerzt noch immer. Nur der körperliche Schmerz ist vergangen, doch nicht die Qual der Erinnerung an die Schmach

115

der Folterung, an die brutale Erniedrigung, an die scheußliche Behendigkeit der Folterknechte.

Gott möge mich davor behüten, daß ich mich meiner Schmerzen rühme. Ich blicke beschämt auf die durchnagelten Hände Jesu auf dem Karfreitagsaltar. Ich kann aber auch die nackten zerschundenen Leiber der Bauern nicht vergessen, die Gehenkten, Gepfählten und Geräderten, die Zeugen einer trotz allen Altären unerlösten Welt.

Wenn ich heute noch einmal einen Beweinungsaltar zu meißeln hätte, so würde ich Euch anstatt des Gekreuzigten einen geräderten Bauern, dem man die Augen ausgestochen und die Zunge ausgerissen hat, präsentieren. Nein, nein, ich würde den Platz des Gekreuzigten leer lassen, damit jeder von Euch an diesem Platz den Märtyrer von heute zu entdecken genötigt wird. Und im Hintergrunde würde ich nicht ein Kreuz, sondern einen Galgen, einen Scheiterhaufen oder ein Schafott errichten. Oder womöglich einen elektrischen Stuhl, oder eine Gaskammer, aber nicht nur für einen einzelnen, sondern gleich für Hunderte, für Tausende von anonymen Märtyrern, Menschenschlachthäuser, Verbrennungsöfen, die Silhouette einer atomisierten Stadt.

Der Leib des Gekreuzigten ist atomisiert worden. Er thront nicht mehr in magischer Realpräsenz auf dem Altar, wo die Scholastiker ihn als einen sakramentalen Gegenstand, als einen dogmatischen Götzen installiert hatten. Ich gehe. Hier ist er für mich nicht mehr vorhanden.

*Er hält erschrocken inne und spricht abermals mit der Stimme eines anderen:*

Als einen dogmatischen Götzen, als einen sakramentalen Gegenstand? Das sagt Meister Tilman, der Schöpfer des Abendmahl-Altars in Rothenburg, der von ungezählten Gläubigen und sogar von ungläubigen Touristen bewundert wird? Wir Hierarchen, ob römisch, ob lutherisch, gleichviel, wir sind einmütig entsetzt. Wie soll man den Heiligblutaltar den Touristen künftig erklären? Ein atomisierter Erlöser? Was für entsetzliche Worte! Als kirchliche Amtsträger haben wir sie lieber nicht gehört. Wir wären sonst zu einer drastischen Antwort verpflichtet. In diesem Fall spielt der konfessionelle Discensus übrigens kaum eine Rolle. Sobald es um die Bekämpfung des zivilen Ungehorsams geht, arbeiten wir, Katholiken und Lutheraner, sowieso als Vertreter des gesellschaftlichen status quo einander mit Erfolg in die Hände. Gott sei Dank!

Im protestantischen Kerker wären Sie bestimmt genauso gefoltert worden wie im fürstbischöflichen Verlies. Lassen Sie sich doch darüber von dem wittenbergischen Professor belehren. Man kann sich gelegentlich ganz gut auf ihn berufen. Er hat uns einen großen Gefallen erwiesen, indem er es zu vermeiden wußte, seinerseits ein Märtyrer zu werden. Der Ketzer wurde vielmehr ein tüchtiger Ketzerverfolger. Er war deswegen auch für die Fürsten bei der Liquidierung der revolutionierenden Bauern bestens verwendbar. Thomas Münzer dagegen, dieser wurde glücklicherweise von der lutherischen Autorität ein- für allemal disqualifiziert. Der Münzer, der ist erledigt, dem nützte auch der Tod vom Henkerbeile nichts. Ein erbärmliches, ein unheroisches Ende! Münzer ist für unser Geschichtsverständnis nichts anderes als ein Anarchist. Keine Rede von Märtyrertum, von Opfertod! Ein politischer, um nicht zu sagen: ein krimineller Zwischenfall. Auch den marxistischen Geschichtsverfälschern wird es nicht gelingen, ihn ideologisch wieder aufzuwerten. Ausgerechnet ein philosophierender Klassenkämpfer jüdischer Herkunft glaubt ihn gegen die theologische Autorität von Wittenberg ausspielen zu können, — von der Blasphemie agitatorischer Stückeschreiber ganz zu schweigen.

Sie möchten doch nicht etwa mit Thomas Münzer, diesem falschen Propheten, in einen Topf geworfen werden, Meister Tilman? Pfui, was ist das für ein sozialistischer Sudeltopf, in den die Marxisten hineingespuckt haben! Lassen Sie sich doch nicht von diesen modernen Umwertern der Geschichte, diesen historisch gänzlich ungebildeten Linksextremisten beirren! Die wollen Sie womöglich auch noch in einen Klassenkämpfer, in einen Spartakisten umfunktionieren. So ein Quatsch!

Verzeihen Sie den heftigen Ausdruck! Aber wir sind aufrichtig besorgt um Sie. Wir möchten Sie nicht verlieren. Wir wissen den spirituellen Rang Ihrer kirchlichen Kunst vollauf zu würdigen. Ja, wir bedauern es lebhaft, daß man damals so hart gegen Sie als Stadtrat vorgehen mußte. Leider eine peinliche Prozedur. Doch könnte Sie diese an sich bittere Erfahrung nicht seelisch bereichert, das heißt, Ihren Glauben verinnerlicht haben?

Sogar der Häretiker Thomas Münzer hat eine Ahnung davon besessen, daß der Mensch der härtesten Züchtigung bedarf, um die Barmherzigkeit Gottes kennenzulernen. In der Praxis allerdings, als sich die Folterknechte mit ihm beschäftigten, machte er von dieser Einsicht keinen Gebrauch. Aber Sie, Meister Tilman, je härter Sie das Gesetz zu spüren bekamen, desto inniger haben Sie, wie wir annehmen dürfen, die Gnade Gottes erfahren. Sie werden gewiß nicht bezweifeln, daß es derselbe göttliche Vater ist, der sich hier der Zuchtrute des Gesetzes bedient und dort seine Gnadengaben liebevoll austeilt. Ja, für den, der den rechten Glauben besitzt, ist der liebende Gott auch in der Finsternis der Folterkammer geheimnisvoll gegenwärtig. Die Funktion der Folterknechte darf man also getrost als eine diakonische Funktion verstehen.

Hat nicht in diesem Sinne auch Doktor Martin Luther mit seiner ganzen geistlichen Autorität an die weltliche Obrigkeit appelliert, die aufsässigen Bauern, die Linksextremisten von damals, wie tolle Hunde abzuwürgen? Wahrlich, auch dies war eine Art Gottesdienst! Denn solche wunderlichen Zeiten sind jetzt, daß ein Fürst den Himmel besser mit Blutvergießen als andere mit Beten verdienen kann. Bitte, lesen Sie es selber nach! So steht es bei dem gleichen Theologieprofessor geschrieben, der in seiner Sturm- und Drangzeit das Büchlein »Von der Freiheit eines Christenmenschen« verfaßte. Der Reformator hat glücklicherweise später, als er selbst die Gnadengaben zu verwalten gezwungen war, seine ketzerische Kritik an der Kirche in konservativem Geist korrigiert.

Wir haben uns mit dem konservativen Luthertum im Lauf der Zeit recht gut verständigt. Bei seinen besten Vertretern könnte man lernen, wie man im Notfall eine Wasserstoffbombe gebraucht, ohne den Glauben daran zu verlieren, durch die Gnade Gottes gerechtfertigt zu sein, wenn es — das versteht sich — dabei um die Verteidigung der christlichen Gesellschaftsordnung geht.

Meister Tilman, Sie sind doch ein innerlicher Mensch, ein konservativer Künstler! Jeder Kunsthistoriker bestätigt es Ihnen. Hatten Sie in jungen Jahren nicht sogar daran gedacht, ein Priester der Heiligen Kirche zu werden? Auch ohne zum Priester geweiht zu sein, haben Sie durch Ihr Werk im Dienst der Verkündigung des Evangeliums einen bedeutenden Beitrag geleistet. Treten Sie nun wieder zurück in das Gehäuse des Altars, in die Mitte der Beweinungsgruppe. Geben Sie Ihre Identität nicht auf, an keinem anderen Platz wird man sie Ihnen beglaubigen. Nur an dieser Stelle, unter dem Kreuz, werden Sie angenommen sein vor Gott.

Das zerbrochene Salbengefäß wird der Restaurator mühelos durch eine Kopie ergänzen. Eine Kleinigkeit! Welchen inneren Frieden werden Sie erst wieder empfinden, werter Meister, wenn sich die Gemeinde der Gläubigen an Ihrem Altar versammelt, um teilzunehmen an der heiligen Handlung, wie sie seit zwei Jahrtausenden gefeiert wird, an der unblutigen Opferung des Gottessohns, von dessen mystischem Leib sich die Christenheit nährt, indem sie Brot und Wein aus priesterlichen Händen empfängt!

Wenn jetzt die Glocke vom Turm herab die Stunde anzeigt, dann betrachten Sie dies als einen heiligen Befehl, als einen göttlichen Anruf an Ihren Gehorsam. Warum zögern Sie noch? Ihre Ketzerei ist übrigens sowieso unzeitgemäß. Sie sind offensichtlich nicht genau informiert. Wissen Sie es noch nicht? Sogar die jungen Leute werden wieder fromm, sie verlangen geradezu nach der heiligen Droge. Der mystische Christus ist heute modern. Man findet an religiösen Emotionen Geschmack. Nehmen Sie Ihre Stunde wahr! Eine christliche Reaktion ist im Kommen, der Mann mit dem Salbengefäß ist gefragt.

*Mehrere Glockenschläge erdröhnen.*

Nein?

*Meister Tilman antwortet mit seiner endgültig eigenen Stimme:*
Nein! Ihre ekklesiastische Stimme erreicht mein Inneres nicht mehr. Ich bin nicht mehr der Mann mit dem Salbengefäß. Kein character indelebilis! Ich gehe als der Mann mit den zerbrochenen Händen davon. Ich gehe dahin, wo ich dem Menschen des konkreten Alltags begegne, wo man mit Jesus gegen die Altäre der christlichen Reaktion rebelliert. Ich hinterlasse der Kirche einen defekten Altar, ein museales Gebilde. Ich empfehle es der Denkmalspflege, den Museumsdienern und Restauratoren.

Der Kaplan jedoch, der sich seines liturgischen Pensums heute so peinlich rasch entledigte, der Kaplan tut mir leid: er bleibt mit der quälenden Frage allein, warum und wieso der Altar defekt ist. Vielleicht wird er sich eines Tages ebenfalls aufmachen, um das zu suchen, was er an seinem Altar vermißt, obschon der Mann mit dem Salbengefäß von den Restauratoren erstklassig ersetzt worden ist. Der Kaplan, so hoffe ich, läßt sich nicht täuschen.

*Meister Tilman durchmißt mit hallenden Schritten das Kirchenschiff; er verläßt die Kirche durch das Hauptportal. Die Tür wird von außen sorgfältig wieder geschlossen.*

HAMLET

IM IRRENHAUS

*Der Patient — in Anstaltskleidung — sitzt auf einem Hocker in der Mitte eines hellen und sauberen, aber völlig leeren Krankenzimmers einer beliebigen psychiatrischen Klinik, wo Personen, die als gemüts- und geisteskrank gelten, interniert und einer therapeutischen Behandlung unterzogen werden. Die Stätte ist abstrakt; sie ist weder mit dem Serbski-Institut in Moskau, wo der Schriftsteller W. B. und andere russische Intellektuelle »behandelt« wurden, noch mit dem Hospital Waco in Texas, wo der Hiroschima-Flieger C. E. in der Abteilung für Tobsüchtige interniert war, identisch; sie erinnert aber an diese und alle anderen Stätten, an denen uns Hamlet als Patient begegnen könnte.*

*Nach einem leisen Knacken in einem unsichtbaren Lautsprecher, das den Patienten zusammenfahren läßt, ertönen zwei lang anhaltende Gongschläge. Der Patient redet mit leiser Stimme vor sich hin:*

Wozu diese Gongschläge? Was bezweckt man damit, was hat man vor? Will man mich einschüchtern, mich testen? Sicherlich beobachten sie ingeheim meine Reaktion. Doktor Polonius hat bestimmt irgendwo seine Instrumente eingebaut. Ich wette, daß jede meiner Äußerungen auf Band aufgenommen wird. Ich bin niemals allein; Doktor Polonius ist immer dabei, er belauscht auch meinen leisesten Seufzer.

Nicht wahr, so ist es doch, Herr Doktor Polonius? Ich mache Ihnen persönlich keinerlei Vorwurf. Sie sind Direktor der Klinik. Das ist Ihre Funktion. Ich finde Sie sonst nicht unsympathisch. Man könnte sich mit Ihnen wahrscheinlich recht angeregt unterhalten, wenn dem Patienten überhaupt eine Unterhaltung erlaubt wäre. Aber Sie müssen sich nach Ihrer Dienstanweisung richten. Zugegeben, man hat bei Ihnen keine Schikanen, keinerlei Willkür zu fürchten. Auch diese Gongschläge sind genau programmiert. Vielleicht sollen sie mich auf den Besuch der zwei Agenten vorbereiten. Das vorige Mal jedenfalls erfolgte dieser Besuch unmittelbar im Anschluß an die beiden Gongschläge.

Aber ich weiß doch genau, daß es Agenten sind, die sich als Pflegepersonal tarnen. Sollten Sie das wirklich nicht wissen? Denkbar wäre es, in der Tat, es wäre denkbar. In diesem Fall, Doktor Polonius, empfehle ich Ihnen, vor den Herren Rosenkranz und Güldenstern auf der Hut zu sein. Den beiden macht es gewiß nichts aus, auch Sie bei aller Servilität ein wenig zu überwachen. Lassen Sie sich also Ihren Patienten gegenüber nicht ein unstatthaftes Mitleid zu schulden kommen.

Aber was sage ich da! Mitleid? Wer rechnet auf Mitleid! Ich will einfach Gerechtigkeit. Ich erwarte von Ihnen eine korrekte, ehrliche Diagnose, die Bestätigung, daß ich normal bin, — soweit ein Schriftsteller normal sein kann. Nicht wahr, wenn wir unbeobachtet miteinander sprechen könnten, würden Sie mir zugeben, daß ich nicht ein psychiatrischer, sondern ein politischer Fall bin, nicht Patient, sondern Häftling.

Ich sagte, wenn wir unbeobachtet wären ... Doch selbst, wenn wir unbeobachtet wären, würden Sie die Beobachtung fürchten. Sie sind sich selbst ein unerbittlicher Kontrolleur. Sie werden von Ihrer Angst kontrolliert. So weit hat man es mit uns gebracht. Sie wagen es nicht, Ihrer eigenen Diagnose zu trauen. Für die Behörde bin ich ein Psychopath; und Ihre Aufgabe ist es, in Ihrer Klinik mich dementsprechend zu behandeln. Ihre Sache ist die Therapie und nicht die Diagnose.

Die Diagnose, das Urteil, hat sich die Behörde vorbehalten. Wer in die Nervenklinik als Psychopath von der Behörde eingeliefert wird, ist solange als Geisteskranker zu behandeln, bis er selbst an seine Geisteskrankheit glaubt. Als ein willfähriger Staatsdiener gehen Sie, Doktor Polonius, selbstverständlich von der Vorgegebenheit aus, daß die staatliche Allmacht, beziehungsweise die omnipotente Partei die Kriterien der Normalität bestimmt. Wer eigenmächtig nach Wahrheit sucht, verbannt sich selbst in den Untergrund.

Gewiß, die Wahrheit hat konspirativen Charakter. Ein voraussetzungsloses kritisches Denken führt zwangsläufig zur krankhaften Isolation, zum Wahnsinn. Nur unter Voraussetzung einer allgemeinen, vom Zentralkomitee anerkannten Doktrin ist ein normales Denken zu denken. Ihr Patient beruft sich jedoch als Schriftsteller hartnäckig auf sein eigenes Gewissen, auf seine kritische Funktion; er leugnet also eine ihm übergeordnete Norm, die den einzelnen transzendierende Idee einer fortschrittlichen Gesellschaft; er ignoriert in seiner subjektiven Kritik das Interesse des Staates, das Prinzip der Partei. Er sabotiert den Plan, den siegreichen Aufbau des Sozialismus. Der Plan braucht konforme Ingenieure der menschlichen Seele. Der Intellektuelle aber ist asozial, ist destruktiv.

*Aus dem Lautsprecher kommt wieder ein leises Knacken. Danach spricht eine neutrale Stimme:*

Auf Grund der dargelegten Fakten ist die Kommission zu dem Ergebnis gekommen, daß sich bei dem Patienten im Zusammenhang mit einer ungünstigen Konstitution krankhafte Reformideen hinsichtlich wirtschaftlicher und sozialer Probleme, begleitet von unersättlichem Aktivismus, völligem Mangel an kritischer Beurteilung seiner Lage und seines eigenen Verhaltens entwickeln, wozu noch eine offensichtliche Selbstüberschätzung kommt, die das Gesamtverhalten des Patienten kennzeichnet. Sein Geisteszustand erfordert eine Zwangsbehandlung in einer allgemeinen psychiatrischen Klinik.

*Mit einem Knacken endet die Durchsage.*

Es waren die beiden Herren Rosenkranz und Güldenstern, die auf Grund dieser Diagnose meine Einlieferung in die Klinik als Krankenwärter besorgten. Die beiden stehen für dergleichen Aufträge jederzeit zur Verfügung. Die brauchen ihr Benehmen nicht einmal zu ändern: es ist immer dieselbe fast freundliche Brutalität, mit der sie einem die Beruhigungsspritze oder die Kugel verpassen. Ich weiß Bescheid. Dieser Typ ist mir seit langem bekannt.

Ich habe sie anfangs wirklich für meine Freunde gehalten; und sie selbst sind sicherlich davon überzeugt, sich mir gegenüber stets nur freundschaftlich verhalten zu haben. Auch wenn sie mich beiseite zu schaffen haben, so tun sie es in dem von keinerlei Zweifel getrübten Bewußtsein, daß sie mir mit der Spritze oder der Kugel einen freundschaftlichen Dienst erweisen. Sie sind vollkommen aufrichtig in ihrer Empfindungslosigkeit, während Sie, Doktor Polonius, gespalten sind. Sie leiden wie ich an Schizophrenie. Die einzig Normalen sind in der Tat Rosenkranz und Güldenstern. Sie sind darum überall verwendbar wie neutrale Geräte. Sie handeln instrumental. Insofern sind sie gefährlich. Sobald man sie jedoch in ihrer Berechenbarkeit erkannt hat, lassen sie sich relativ leicht überlisten. Sie sind dumm, weil sie nur eindimensional funktionieren.

Wollen Sie hören, Doktor Polonius, wie ich den beiden gelegentlich aus ihrer eigenen Mission einen Strick gedreht habe? Ich muß sogar bekennen, daß mir in jenem Fall meine Intrigue geradezu Vergnügen bereitete und daß ich meine intellektuelle Überlegenheit genoß. Durch einen kleinen Trick lieferte ich die beiden Kunden dem Henker aus, dem ich selbst zur Liquidierung übergeben werden sollte. Eigentlich hätten mir die zwei Kumpane leid tun sollen; denn wahrscheinlich wußten sie nicht einmal etwas vom verhängnisvollen Inhalt des Briefes, den sie im Auftrag meines Stiefvaters bei seinem königlichen Vetter zugleich mit ihrem Schutzbefohlenen abzugeben hatten. Sie mögen ernsthaft der Meinung gewesen sein, als Kavaliere und Krankenwärter ihre Pflicht zu tun, indem sie Prinz Hamlet auf der Reise nach England begleiteten. Meine Internierung möglichst weit weg von Helsingör mußte in ihren Augen dringend erforderlich sein. Sie waren viel zu primitiv, um einen so komplizierten Fall von Verrücktheit zu durchschauen.

Bis auf den heutigen Tag beschäftigt ja meine Krankheitsgeschichte die Psychologen und Psychiater, ganz abgesehen von den Literaturbeflissenen; ich bin jedoch, wie Sie wissen, ohne es zugeben zu dürfen, primär ein politischer Fall. In gewissem Sinne ist es natürlich auch eine Sache der Kriminalistik. Sie selbst, Doktor Polonius, wurden ja damals das Opfer einer Gewalttat von wilder Spontaneität. Ich bedaure es, ich will nichts beschönigen. Es war ein gräßlicher Irrtum. Ich wiederhole:

Sie waren nicht gemeint. Das entschuldigt mich nicht. Mein Betragen war sogar besonders infam, als ich entdeckte, daß es nicht mein Stiefvater war, der mich ausspionierte, sondern nur sein Subjekt, eine Hofkreatur, — verzeihen Sie, ich wollte sagen, ein Professioneller vom Staatssicherheitsdienst.

Sie haben ja auch in dieser Klinik die Funktion des Beobachters. Der Patient muß beobachtet werden, das ist klar. Es geschieht hier auf viel subtilere Weise als im Schloß von Helsingör. Man hat Apparaturen, man braucht sich nicht hinter einem Wandteppich im Privatgemach der Königin zu verstecken, um die Auseinandersetzung des Prinzen mit seiner Mutter zu kontrollieren. Nicht wahr, Sie wollten herausbekommen, ob Hamlet wirklich geistesgestört sei? Ich lieferte Ihnen prompt den Beweis, indem ich Sie umgebracht habe wie eine Ratte. Es war ekelhaft und obendrein vollkommen sinnlos, regelrecht verrückt. Ich habe mir durch diese tollwütige Tat mein eigenes konspiratives Konzept verdorben. Von jetzt ab mußte man Hamlet für einen gemeingefährlich Geisteskranken halten, dessen diskrete Beseitigung mit Hilfe von Rosenkranz und Güldenstern im Interesse des Königshauses und der Gesellschaft lag.

Wenn ein Prinz auf diese Weise verrückt wird, ist es natürlich besonders schlimm. Seine Verrücktheit kommt nicht von ungefähr. Lassen wir es dahingestellt sein, Doktor Polonius, wie weit mein Wahnsinn nur verzweifeltes Spiel oder Krankheit im medizinischen Sinne gewesen ist! Mein Ausbruch, der Ihnen das Leben kostete, war jedenfalls nicht simuliert. Ja, ich war krank. Die Fäulnis der verlogenen Gesellschaft hatte mich infiziert. Meine Krankheit war das Elend der Zeit, das Gift eines brudermörderischen Regimes. Ich war hin- und hergerissen zwischen Revolte und Resignation. In solcher verruchten Zeit gereichte es einem zur Ehre, verrückt zu sein. Die Normalen, die Gesunden, sind Kreaturen von der Art der Rosenkranz und Güldenstern.

*Aus dem Lautsprecher ertönen zwei langanhaltende Gongschläge.*

Ist das eine Antwort, eine Ankündigung, eine Drohung? Immerhin, Doktor Polonius, bestätigen mir Ihre Signale, daß Sie ein aufmerksamer Zuhörer, nein, ein immerfort wachsamer Anhörer meiner Monologe sind. Schade, es wird nie zu einem Dialog, zu einer Wechselrede kommen. Nicht wahr, Sie halten nichts vom Dialog? Daher kriege ich nur abstrakte Signale, die mich erschrecken sollen, zu hören.

Ich verstehe: Man will mich nicht einer Antwort, nicht einmal eines Gegenwortes würdigen. Das heißt: Ich bin kein Partner mehr; ich bin ausgewiesen aus der Gesellschaft, die doch eine Gesellschaft von Sprechenden, von Hörenden und Antwortenden ist. Ich gehöre nicht mehr dazu. Ich werde nur abgehört und ausgehört und unentwegt verhört. Ich befinde mich im ständigen Verhör. Ich bin gezwungen, in einem fort mich auszusagen. Und indem ich mich aussage, liefere ich mich Ihnen aus. Am Ende werde ich wirklich ausgesagt sein, ausgesaugt und ausgelaugt durch Ihr wortloses Verhör. Sie wollen Gott imitieren. Aber das ist der Unterschied: Mit Gott kann einer schweigen. Aber wenn Sie schweigen, muß ich immerfort reden, obwohl ich mich dadurch selbst zugrunde rede.

Ich bin kein Frömmling: ich bin Schriftsteller, also ein Skeptiker. Aber als einer, dessen Schicksal die Sprache ist, weiß ich: Das Schweigen mit Gott regeneriert die Sprache, während sich in der Lauge Ihres stummen Verhörs die Sprache zersetzt. Ich werde irr an der Sprache, die Sprache wird irre, eine irrsinnige Sprache. Und gerade das bezweckt ja Ihre Behandlung; dazu bin ich hier eingeliefert, abgeliefert, ausgeliefert. Ich bin geliefert. Ich bin dazu verurteilt, die Öffentlichkeit und mich selbst davon zu überzeugen, daß ich verrückt bin. Verrückt? Natürlich bin ich verrückt. Ich sage: natürlich. Sie haben mich weggerückt, Sie haben mich isoliert. Ein Isolierter ist verrückt, weggerückt aus der Menschenwelt. Alles ist von ihm abgerückt. Gut, als Heiliger wäre ich der Welt entrückt. Aber ich bin kein Heiliger. Ich bleibe dabei: Ich bin ein politischer Fall, — nicht wie Sie das verstehen, — ich meine etwas Moralisches.

Freilich, ich leugne nicht, — wie könnte ich! — daß Hamlet

politisch und menschlich an seiner Aufgabe gescheitert ist. Ich hatte das Land in Ordnung zu bringen als ein Anwalt der Wahrheit und der Gerechtigkeit. Meine Revolte kam viel zu spät. Ich hatte den Zeitpunkt des Heils verpaßt. Als der Usurpator, der Mörder meines Vaters, endlich beseitigt war, hatte die feindliche Armee schon das Land besetzt. Die Okkupanten kassierten ein korruptes Reich. Ich habe meinen Auftrag in irrsinnigen Einzelaktionen verspielt. Ich habe durch meinen Wahnsinn, was ich retten sollte, zerstört. Ich habe in meiner Verzweiflung zerstört, statt zu heilen, und nun bin ich im Begriff, mich selbst zu zerstören. Wer wird mir noch glauben? ... Ich werde nicht fertig mit meiner Schuld.

*Aus dem Lautsprecher, angekündigt durch das leise Knacken, spricht eine andere neutrale Stimme:*
Deutlich erkennbar die Veränderung der Persönlichkeit. Patient völlig von der Wirklichkeit zurückgezogen. Angstzustände, zunehmende seelische Spannungen, Gefühlsreaktionen abgestumpft, Wahnvorstellungen ...

*Ein leises Knacken beendet die Durchsage.*
Bin ich dieser Patient? Gewiß, Hamlet ist auch damit gemeint. Die Beschreibung könnte mit der vorherigen ausgewechselt werden. Es ist egal. Hamlet ist in jedem Fall durch die Diagnose verurteilt.

*Dieselbe neutrale Lautsprecherstimme unterbricht ihn:*
Sein Geisteszustand erfordert eine Zwangsbehandlung in einer allgemeinen psychiatrischen Klinik.

*Es knackt im Apparat, der Patient fährt fort zu grübeln.*
Auch diese Klinik könnte mit einer anderen ausgetauscht werden, sie könnte Serbski-Institut oder Hospital Waco heißen. Ob in Moskau oder in Texas, die Klinik spiegelt den Zustand der Gesellschaft wieder. Finden Sie nicht auch, Doktor Polonius? Vielleicht ein bißchen verzerrt treten die Krankheiten der Gesellschaft an Ihren Patienten in Erscheinung. Die einzelnen Patienten sind überhaupt nur deshalb krank, weil das Institut als solches die anormale Reaktion erzeugt. Die Institution, die

Gesellschaft produziert gewissermaßen den Wahnsinn. Nein, nicht gewissermaßen, sondern geradezu. Bei der allgemeinen Verlogenheit wird Wahrheit zur Anormalität, zur Sache des Untergrunds, zum Verbrechen. Das dürfte für Sie keine neue Erkenntnis sein. Das heißt, Sie registrieren meine Aussage als die für einen Psychopathen typische Übertreibung: Hamlets Krankheit resultiert aus der Unfähigkeit, sich den ideologischen Normen der Gesellschaft, also den allgemeinen Gepflogenheiten, beziehungsweise den allgemeinen Gelogenheiten anzupassen.

Nein, nein, das sind keine Wortspielereien, Doktor Polonius. Wie die Sprache immerfort zwischen Wahrheit und Lüge oszilliert, habe ich erst, seitdem Sie mich verhören, zu meinem Entsetzen bemerkt. Ich versichere Ihnen: Indem Sie mich verhören, verhören Sie sich. Passen Sie auf! Ich spreche von meiner Schuld, und Sie verstehen: Schuldkomplex. Damit wird meine Gewissensqual zu einem pathologischen Phänomen herabgewürdigt, zu einer Krankheit vereinfacht. Mein Gewissen wird mit Drogen oder mit Spritzen behandelt, die mir von Rosenkranz und Güldenstern verabreicht werden. Die Schuld, an welcher mein Gewissen leidet, gilt als unstatthaft, als unnormal. Denn sobald man meine Schuld als moralische Schuld akzeptierte, wäre die ganze Struktur des öffentlichen Bewußtseins gefährdet. Gesteht man mir zu, daß ich an einem nuklearen Massenmord mitschuldig geworden bin, so wird die gesamte Nation durch ein solches Schuldbekenntnis diffamiert.

Ich gebe zu: Es sind wirklich unausdenkbare Konsequenzen! Und ich bin viel zu unbedeutend, um dieses bis zu Ende durch- und auszudenken. Die Politiker müßten ja die Maßstäbe ihrer Politik total revidieren, und die Christen sähen sich zu einem internationalen passiven Widerstand verpflichtet. Verrückt, verrückt, verrückt! Ich sehe ein, ich bin verrückt. Das nächste Mal, wenn wieder ein derartiger oder ein noch größerer Massenmord fällig ist, sollte man einen Professor für Moraltheologie das Kommando über den Atombomber übertragen. Der findet vielleicht einen dialektischen Ausweg aus dem eschatologischen

Konflikt; der wird mit dieser apokalyptischen Mission vielleicht fertig, die einen mittelmäßigen Denker wie mich überforderte.

Aber können Sie sich einen solchen Moraltheologen, einen solchen Geschichtsphilosophen überhaupt vorstellen, Doktor Polonius? Gemessen an der Ungeheuerlichkeit des Problems ist der Unterschied zwischen dem Theologieprofessor und mir, dem Techniker, einem Luftwaffenoffizier, eigentlich minimal; genau genommen, ist er ohne jede Bedeutung. Es gibt überhaupt kein Gewissen, das dem gewachsen sein könnte. Ja, wenn sich die Gewissen zu tausenden summieren ließen, — das wäre vielleicht eine der nuklearen Waffe adäquate Macht. Aber es gibt immer nur zehntausend einzelne, einsame, isolierte Gewissen, zehntausend Verrückte. Sind es zehntausend? Gleichviel, — summierbar sind nur die Nichtdenkenden; Rosenkranz und Güldenstern sind multiplizierbar. Mit meinem kranken Gewissen, mit meiner Schuld bin ich immer allein ...

Ein Knacken im Apparat? ... Eine neue Ansage? ... Nein, nichts ... Nein, nicht Nichts! Auch das Ausbleiben der Ansage hat eine Funktion. Keine Ansage ist eine Absage: eine Ansage ist abgesagt. Etwas Nichts wird abgekündigt. Falsch! Abgekündigt wird nur in der Kirche. Zum Beispiel: Ihre Tochter, Doktor Polonius, — entschuldigen Sie diese private Erinnerung! — die arme Ophelia wurde nicht abgekündigt. Ihr Tod verdiente die Abkündigung nicht. Es war ein selbstverschuldeter Unglücksfall, so gut wie ein Selbstmord, sagte der Priester. Ein Selbstmörder wird nicht abgekündigt, er wird abgefertigt, weggefertigt.

O die Sprache mit ihren Finessen und Grausamkeiten bringt mich ganz durcheinander. Ich leide an den Zweideutigkeiten der Sprache. Schizophrenie? Nicht wahr, Sie sehen darin ein typisches Zeichen von Schizophrenie? Ich bekomme in der Tat die Welt, die mir auseinander geklafft ist, nicht mehr zusammen. Ich bin an einem metaphysischen Mißtrauen erkrankt, nachdem ich erfahren hatte, daß das Reich von einem Mörder regiert wird, der meine Mutter, des Ermordeten Witwe, zur Hure gemacht hat. Das ganze Reich war zu einer Hure geworden. In dieser vergifteten Atmosphäre vermochte ich sogar der geliebten Ophelia nicht mehr zu trauen. Sagen Sie doch, Doktor Polonius, war mein Verdacht ganz unbegründet, daß Sie Ihre Tochter angestiftet hatten, den verrückten Prinzen, von dem man nicht wußte, ob er wirklich geistesgestört war, auszuspionieren? Warum nicht? Sie ließen ja durch Agenten auch Ihren eigenen Sohn überwachen. Das gehört zu Ihrem Ressort. Ich kann Ihnen keinen Vorwurf machen. Der Angeklagte heißt Hamlet. Er hat seine sanfte Ophelia ruiniert. Seine Verrücktheiten haben sie ins Wasser getrieben.

Ach, Verrücktheiten waren es eigentlich nicht. Es waren selbstquälerische Experimente, trübsinnige Scherze, mit denen ich die verstockte Gesellschaft zu provozieren versuchte. Ich tat das Gegenteil von ihren Gepflogenheiten und Gelogenheiten: Ich habe mich nicht herauf-, sondern heruntergespielt. Ich habe den Prinzen entprinzt; ich meine den Helden, den Helden habe ich zersetzt. Ich habe Heldenzersetzung betrieben.

Es war ein verzweifelter Spaß: ein Banküberfall. Die Sache lief wie am Schnürchen, viel weniger schwierig, als ich gedacht hatte. Eine Kinderpistole genügte. Das einzig Ungewöhnliche dabei war, daß der Bankräuber auf seine Beute verzichtete; ihm genügte der erfolgreiche Ablauf der tollen Aktion. Hinterher tat es mir allerdings leid, das Geld nicht einfach eingesackt zu haben. Ich hätte es auf das bewußte Konto der verstümmelten Kinder überweisen können. Sie wissen schon, wohin, Doktor Polonius! Ich, ich darf die Stadt nicht beim Namen nennen, ohne mich einem furchtbaren Bußritual für den Namensmißbrauch zu unterwerfen. Für die Lippen ist es eine große Versuchung ... Es kommt manchmal über mich ... Eine Heimsuchung ... Aber ich darf nicht ... ich ...

*Zwei langanhaltende Gongschläge unterbrechen ihn.*

Verstehe ... Rosenkranz und Güldenstern stehen mit der Beruhigungsspritze bereit. Nicht nötig, nicht nötig! Ich habe mich in der Hand, ich bin nicht krank. Ich habe keinen Komplex, ich gehöre zum Untergrund, ich bin kriminell, ein gesunder Bankräuber ohne ein milderndes Motiv.

So ein bißchen Wiedergutmachung durch das erbeutete Geld, eine Spende für die verstümmelten Kinder, — ja, das, das wäre allerdings eine hübsche Story ganz nach dem Geschmack dieser schizophrenen Gesellschaft gewesen. Solche karitativen Mätzchen kotzen mich an. Ich kenne diese Leute, die meinen, durch eine Stiftung sich ein moralisches Alibi zu verschaffen, während sie als kaltblütige Rechner einen apokalyptischen Atomschlag durchkalkulieren. Nein, ich wollte durchaus nicht ein in den Augen der Justiz und der christlichen Gesellschaft motivierbares Delikt verüben, sondern etwas Absurdes, eine schlechthin unverständliche Demonstration, eine öffentliche Selbstdegradierung des nationalen Idols. Ich wollte durch meine Aktion die Gesellschaft zum Eingeständnis ihres moralischen Defekts provozieren; ich wollte sie zum Offenbarungseid zwingen, zur Aufdeckung des grotesken Widerspruchs, daß sie einen Banküberfall als Verbrechen verurteilt, während sie einen militärischen Massenmord als historische Tat dekoriert.

Nicht wahr, Doktor Polonius, das ehrliche Eingeständnis dieses Widerspruchs, der unser gesellschaftliches und privates Leben konstituiert, müßte praktisch alles von Grund auf verändern: Ein neuer Mensch, ein neuer Himmel und eine neue Erde würden entstehen. Was für ein Wahnsinn, was für eine Utopie! In den Kirchen wird sie zwar seit zweitausend Jahren verkündigt. Aber mir kommt der peinliche Verdacht, daß die Kirche eine raffinierte Einrichtung ist, diese himmlische Torheit zu neutralisieren, die Verrücktheit eines extremistischen Schwärmers auf ein erträgliches Maß zu reduzieren, diesen heiligen Wahnsinn den gesellschaftlichen Gegebenheiten anzupassen.

Solch ein Anpassungsprozeß erfordert natürlich auch die Bereinigung meines Falls. Die einfachste Art, mich unschädlich zu machen, wäre die, daß man meine Verrücktheit integriert. Man leugnet ja nicht, daß die Menschen insgesamt ziemlich verrückt

sind. Aber es ist irgendwie eine effektive Verrücktheit, findet
man, sofern man sie unter Kontrolle behält. Dazu sind die
Kirchen sehr nützlich. Man braucht ein Ventil. Gelegentlich
etwas metaphysischer Wahnsinn, auf spezielle sakrale Räume
beschränkt, ist durchaus zu begrüßen. Etwas Verrücktheit kann
man sich leisten. Hauptsache, daß es zu keinen Kompetenz-
überschreitungen kommt! Nuklearpolitik und Metaphysik sind
scharf auseinanderzuhalten. Nicht wahr? Eine Atomexplosion ist
ein militärischer, aber kein moralischer Vorgang. Das technische
Experiment setzt voraus, daß sich die Religion der Experimente
enthält. Glaube und Sachverstand schließen sich gegenseitig aus;
so können sie konfliktlos koexistieren. Die Kirche hat die Gesellschaft zum status quo zu verpflichten. Dafür ist ihr der Sonn-
tag als Spielwiese garantiert. Bitte, keine frommen Experimente,
damit technisch weiter experimentiert werden kann! Bitte, keine
Verrücktheit auf eigene Faust . . .
*Aus dem Lautsprecher sind jetzt viele verschiedene Stimmen zu*
*vernehmen, die sich den Worten des Patienten unmittelbar*
*anschließen:*
Keine Experimente! — Persil bleibt Persil. Auch deine Weste
reinigt Persil. — Laß dich von deiner Vergangenheit nicht be-
wältigen! — Wir sind wieder wer! — Sichern Sie sich einen
Platz an der Sonne! Constructa berät Sie, Constructa. — Man
muß einen festen Standpunkt haben. Kein wirtschaftliches
Wachstum ohne einen soliden Glauben. — Vergeben: ja. Verzichten: nein! — Krieg hat es schließlich immer gegeben. Wo
gehobelt wird, da fallen Späne. — Keine Angst! Auch du hast
Chance, übrig zu bleiben. — Sein oder Nichtsein, das ist hier
die Frage. — Hast du was, so bist du was. — Keine Knochen-
erweichung, keine Kniefälligkeit, kein Ausverkauf nationaler
Interessen! — Merken Sie sich: Friedenspreisträger sind keine
Heilige. Richten Sie sich danach! — Buchen Sie die Traumreise
auf die Bahamas! Eine karibische Symphonie. — Hier finden Sie
die verlorene Mitte. — Denken Sie daran: Gottesliebe rettet
Gattenliebe. — Mensch, lächle, Gott hat dich lieb. — Mach dich

beliebt, so machst du Karriere, Karriere mit Zukunft! — Machst du dich, so bist du gemacht. Alles ist machbar, auch du bist machbar. — Mensch, mach schon, passe dich an! Verpaß nicht den Anschluß! Wer sich nicht anpaßt, bekommt was verpaßt. — Bereit sein, ist alles. — Gott sitzt am Drücker. — Wenn du nicht fertig bist, so macht man dich fertig.

*Zwei langanhaltende Gongschläge ertönen. Nach einer Pause spricht, nein, stammelt der Patient:*

Rosenkranz und Güldenstern sind zur Stelle. Ich bin fertig. Sie haben mich fertig gemacht. Das Gift! Das Gift ihrer banalen Parolen hat mich fertig gemacht. Ich bin vergiftet ... Der Rest ist Schweigen.

*Aus dem Lautsprecher kommen zuerst einige unklare Geräusche, dann die deutlich artikulierte Ansage einer Nachrichtensprecherin:*

... und teilen wir Ihnen hierdurch mit, daß der Aufsichtsrat der Purgatoria Waschmaschinen AG Ihrer Ernennung zum Public Relation-Chef zugestimmt hat. Ende der Durchsage.

## MUTTER PELEIKIS ERZÄHLT

*Am liebsten nähme Mutter Peleikis alles, was um sie herum*
*geschieht, überhaupt nicht zur Kenntnis, um sich statt dessen*
*vom Strom der Erinnerung durch alte Zeiten und Vergangen-*
*heiten treiben zu lassen. Doch der Lärm der großen Versamm-*
*lung nebenan zwingt sie, obwohl sie sich ganz am Rand in der*
*Garderobe zwischen lauter Mänteln und Hüten befindet, immer*
*wieder zurück in die Gegenwart. Und dazu kommt auch noch*
*das andere. Mutter Peleikis wird es gleich selbst erklären. Sie*
*wird erzählen und erzählen, wie wenn der gestaute Fluß ihrer*
*Erinnerungen plötzlich einen Damm durchbrochen hätte, als ihr*
*der junge Mann aus Ostpreußen begegnete, der auch die Ver-*
*anstaltung der Heimatvertriebenen besuchen wollte, aber nun*
*von Mutter Peleikis liebevoll festgehalten wird; denn endlich*
*hat sie ihren Zuhörer gefunden ...*

Daß ich dich hier wiederfinde, Jungchen! Nach so langer
Zeit! ... Deine guten Eltern, zuletzt habe ich sie auf der Flucht
gesehen — in einem brennenden Dorf. Ich traf sie nicht wieder ... Also ein solcher großer, ansehnlicher Mann bist du geworden, mein Jungchen! Komm, setz dich ein bißchen her zu
mir in die Garderobe. Ich vertrete nämlich meine Nachbarin. Sie
stammt aus Nemonien, und jetzt ist sie hier als Garderobenfrau
angestellt ...

In meiner Tasche trage ich immer ein Bildchen von Tarve bei
mir. Ich zeige es dir gleich: unser Häuselchen auf dem Deich und
daneben das Häuselchen deiner guten Eltern ... Warte nur, ich
finde es schon ... Soviel Kram in der Tasche ... Vor Freude
zittern mir ja die Hände ... Setze dich doch, setze dich, Jungel-
chen, versäumst nichts. Laß die da drinnen ihre Reden halten!
Kommt nichts als Unfriede dabei heraus. Unser Herrgottchen
hat dich nur deshalb hierher haben wollen, damit du der alten
Mutter Peleikis in die Arme läufst. Brauchst nicht zu hören,
was drinnen geredet wird. Laß uns lieber ein bißchen tratschen,
ein bißchen träumen, ein bißchen erinnern.

Siehst du, da ist das Bildchen. Weißt du noch? Nein, Jungchen,
du kannst nicht mehr wissen, du warst zu klein. Deine Maminka

— so nanntest du immer dein Mütterchen — hat viel Angst um dich gehabt: Überall um das Haus war so viel Wasser, und einmal warst du auch in den Kanal vor dem Hause geplumpst ... hier, wo der schwarze Kurenkahn mit dem Wimpel zu sehen ist. Die Wimpel waren aus Holz geschnitzt und schön bunt bemalt. Und hinter dem Hause mußt du dir den Gemüsegarten und die Wiese denken. Dann kam das Bruch, und aus dem Bruch stiegen mit gellen Rufen die Kraniche auf. Unheimlich klang es, wenn sie mit schwerem Flügelschlag in den Wald hinein flogen. Der Wald schloß unser Dörfchen in großem Bogen wie eine dunkle Mauer ein. Nicht ein Wald zum Spazierengehen, mein Jungchen! Kein fester, trockener Boden war da, nur schwankiges Moor und brodelnder Pfuhl und dazwischen zahlreiche kleine Tümpel und Gräben, in denen das stumme Wasser stand. Ein Wald zum Verirren! Die Wege verliefen sich im saugenden Moor. Ein Wald nur für Elche!

Einmal hatten wir einen Herrn aus der Stadt, aus Königsberg, zu Besuch. Mein seliger Mann — alle nannten ihn Onkel Peleikis oder einfach Onkelchen — hatte ihn von drüben, von der Nehrung, mitgebracht. Onkelchen verkaufte in Rossitten und Pillkoppen Gemüse. Die Zwiebeln, Jungchen, kamen nach Labiau auf den Markt. Es war ein gebildeter, älterer Mann und sehr bescheiden, obwohl er Schriftsteller war und schon einige Bücher verfaßt hatte. Für eine Zeitung im Reich wollte er etwas über die Niederung und über die Elche, auch über die Menschen in der Niederung schreiben. Er bat Onkelchen, ihn in das Elchrevier zu begleiten; aber wir hatten an diesem Nachmittag unsere Andacht im Haus, und Onkelchen war der Älteste der Gemeinde.

Du mußt wissen, wir haben wegen unserer Zusammenkünfte viel Ärger mit dem Superintendenten in Großdingskirchen gehabt. Wir waren nur eine kleine Gebetsgemeinschaft. Nein, nein, aus der Kirche waren wir nicht ausgetreten; aber wir beteten lieber für uns und lasen für uns aus der Heiligen Schrift, obwohl der Herr Superintendent uns Sektierer, und das ist soviel wie

Ketzer, nannte. Onkelchen wußte gut in der Bibel Bescheid, und als der Superintendent einmal bei uns in unserem Kirchlein gepredigt hatte, da hat sich Onkelchen nicht gescheut, ihn nach dem Gottesdienst in der Sakristei zur Rede zu stellen: Das war keine christliche Predigt, Herr Pastor!

Nach dem ersten Weltkrieg ist das gewesen. Da hatten die Völker ihren Frieden geschlossen und, weil wir besiegt worden waren, hatten sie uns ein Stück unserer lieben Heimat genommen. Und es gab viele, die sich nicht damit abfinden wollten; und die hatten geschworen, nichts zu vergessen und auf nichts zu verzichten. Und der Superintendent ist einer von ihnen gewesen und hat zu Weihnachten sogar von der Kanzel herab Unfrieden statt Frieden gepredigt. Ich habe es noch genau im Gedächtnis, wie er von den Ketten redete.

Es war Heiligabend, und er beschrieb zuerst ganz hübsch, wie die Weihnachtsbäume geschmückt sind mit bunten Kugeln, mit Weihnachtssternen, mit kleinen Engeln, mit Rauschgold und mit silbernen Ketten, mit Ketten! Und dann wurde er ganz rot vor Zorn und brüllte von der Kanzel herab: Auch wir liegen in Ketten! — Jungchen, du magst ruhig lachen. Aber er meinte nicht die Ketten der Sünde. Dagegen hätte Onkel Peleikis keinen Einspruch erhoben. Der Herr Superintendent aber hat an die Ketten des Friedensvertrages gedacht.

Die meisten fanden, daß dies eine schöne patriotische Predigt gewesen sei; und die anderen haben sich gegen die geistliche Obrigkeit nichts zu sagen getraut. Nur mein Seliger ist zu ihm in die Sakristei getreten, und dein guter Vater — du hattest ihn als Kind immer Papinka genannt — dein Papinka ist als Zeuge mit in der Sakristei gewesen, als mein Seliger gegenüber der kirchlichen Obrigkeit sich zum christlichen Frieden bekannte. Ein Pastor, sagte er, hat die Vergebung zu predigen. Der Superintendent kanzelte ihn gehörig ab und erwiderte: Als Christen müssen wir zwar das Unrecht, das man uns angetan hat, vergeben, aber als Deutsche dürfen wir auf unser Recht niemals verzichten. Und er redete in großer Redewut — man könnte denken, daß nebenan der Superintendent von neuem das Wort ergriffen hat — und donnerte und rühmte sich, ein guter Lutheraner und Lehrer von den zwei Reichen zu sein; und hat meinen Seligen einen gefährlichen Schwärmer genannt, einen Verräter, der sich an der göttlichen Schöpfungsordnung und an seinem Volke versündige. Darunter hat Onkel Peleikis noch viel zu leiden gehabt, als die braune Partei die Macht ergriff: da wurde er als Pazifist und politischer Schädling angezeigt.

Jungchen, wie kam ich eigentlich darauf? Ach ja, ich wollte erzählen, wie das mit unserer Gebetsgemeinschaft gewesen ist. Wir versammelten uns, um über das, was uns bekümmerte und erfüllte, miteinander zu sprechen und im Gebet vor unseren Herrgott zu bringen. Richtig, das wollte ich dir erzählen, Jungchen, wie an diesem Nachmittag unser Gast, der sich vorgenommen hatte, über die Elche und die Menschen der Niederung einen Artikel zu schreiben, allein in das Revier gegangen war. Und es wurde schon dunkel, und er war noch immer nicht zurück. Onkelchen konnte schließlich vor lauter Angst, daß unserem Gast etwas zugestoßen sei, überhaupt nicht mehr beten. Wenn etwas passiert ist, sagte er zu den Brüdern und Schwestern, dann ist es meine Schuld; denn ich durfte den Fremden nicht unbegleitet in das Revier gehen lassen. Und weil mir die Andacht wichtiger war als die Sorge um unseren Gast, den mir der Herrgott anvertraut hat, ist meine Andacht zur Sünde geworden.

Alles, was die Brüder und Schwestern zu seiner Beruhigung und Entschuldigung vorbrachten, ließ er nicht gelten. Gott demütigt mich, so erwiderte er, durch meine Angst. Er ging hinaus, — es war schon völlig dunkel geworden, wir hatten Ende August — und lief mit einer Laterne auf dem Deich dahin, wo es zum Elchrevier ging. Es war der einzige Weg ins Revier. In seiner Verzweiflung drang er tief in die Verschlingungen von Wald und Moor und Wassergräben ein und wäre selbst fast in einem Tümpel versunken.

Unterdessen war unser Gast von der entgegengesetzten Seite

aus heimgekehrt. Weil er in der Dunkelheit unser Haus verfehlt hatte, war er im Dorf herumgeirrt, wo ihm alles ungeheuerlich fremd und beinahe gespenstisch vorkam. Die nassen Segel der plumpen Kurenkähne, die am Deiche festgemacht waren, hingen wie die Flügel schlafender Riesenvögel zwischen den Masten. Im Schatten der umnachteten Ulmen lagen die Häuser verborgen. Kein Mensch war zu sehen, zu hören; nur auf der gegenüberliegenden Seite des kleinen Kanals, wo, durch keine Brücke mit uns verbunden, sich der andere Teil von Tarve befand, drang aus der Gastwirtschaft ein dumpfes Geraune von Stimmen.

Ich sagte dir, Jungchen, er war ein schüchterner, etwas schreckhafter Mann. Das labyrinthische Revier, die plötzliche Begegnung mit einem gewaltigen Schaufler, hatte ihn verstört. Der Elch, so erzählte er uns nachher, habe ihn minutenlang aus seinen kleinen bösen Augen wie einen frechen Eindringling gemustert, bevor er hochmütig langsam durch das Moor davongestapft sei, um ihn — so glaubte er zu spüren — mißtrauisch von seinem Versteck aus im Erlengebüsch zu belauern. Er floh aus dem Elchrevier wie ein Gebannter.

Ja, Jungchen, so sagte ich: wie ein Gebannter. Er war es auch noch auf eine andere, viel schlimmere Weise. Doch das erfuhren wir erst einige Jahre später, als er, von den Menschen verfolgt und geächtet, bei uns in unserem Häuselchen Zuflucht suchte. Er war nämlich Jude. Doch damals, an jenem Spätsommerabend, war es einfach das Erschaudern vor der furchtbaren Fremdheit der Natur. Wir verstanden ihn gut, wir kannten den Schauder.

Du lächelst vielleicht darüber. Ihr Jungen, ihr seid anders, unbefangener als wir. Wir scheuten uns, in das Revier, das uns umgrenzte, einzudringen. Wir hatten dort nichts zu suchen. Onkelchen war in der Hauptsache Fischer. Unser Blick ging auf das Haff. Man brauchte mit dem Boot auf dem Kanal nur durch das Schilf zu staken; dann lag es bis zur Nehrung offen vor uns ausgebreitet. Wie ein fahles Gewölk stiegen drüben über dem Horizont die weißen Dünen der Nehrung auf. Ich habe jedesmal an die wunderbare große Düne gedacht, wenn ich die Verse des Psalters betete: Ich hebe meine Augen auf zu den Bergen, von welchen mir Hilfe kommt ... Wie von Ewigkeit zu Ewigkeit, so schien sich der langgestreckte weiße Leib der Düne unter dem Himmel zu wölben.

Freilich, wir täuschen uns. Wir halten uns an Bilder, die schön und trügerisch sind. Auch die Heimat, Jungchen, ist solch ein Bild. Der »Tag der Heimat«, wie er da drinnen veranstaltet wird, glaube mir, ist ein Tag der Täuschungen. Die Düne, zu welcher ich meine Augen erhob, war ein trügerischer Berg. Von dort kam keine Hilfe. O nein. Unaufhaltsam wälzte sich der mächtige Leib der Wanderdüne über die Nehrung vom Meere zum Haff und begrub nach und nach alles, Wälder und Dörfer, die Äcker der Lebenden und die Äcker der Toten im Sand.

Wenn der Seewind über die Düne blies, dann rauchte ihr Kamm, dann jagte der Sand in dichten Schwaden am Boden dahin, wehte den Zaun und den Garten zu, drang über die Schwelle ein in das Haus, ergriff Besitz vom Menschenbesitz, erstickte das Feuer im Herd, überzog die Betten und bedeckte den Tisch. Die Fenster erblindeten. Nun ragte nur noch das Dach aus dem Sand, und eines Tages waren auch Dach und Schornstein in der Sandflut verschwunden.

Über längst begrabene Dörfer wanderten wir den Hang der Düne meerwärts zum Strand hinab, um dort, wenn nach dem Sturm die Brandung ausgewütet hatte, den angespülten Bernstein zu sammeln, honiggelbe und dunkelrote oder knochenfarbene Stücke.

Ich habe das alles wieder verloren; aber das wertvollste Stück blieb mir glücklicherweise erhalten. In meiner Tasche hebe ich es auf, trage es immer bei mir, etwas sehr Seltenes! Man sieht ihm nicht an, wie kostbar es ist, nicht groß, nur ein Splitterchen, aber ein Splitter aus König Morungs Bernsteinkrone. Das habe ich, wie du dir denken kannst, nicht selber gefunden. Wir erhielten es nämlich von König Morung höchst persönlich geschenkt. Jaja, höre nur zu, Jungchen! Was ich dir erzähle, hat viel mehr Sinn als die große Rederei im Saal nebenan. So einem wie dem Superintendenten ist König Morung natürlich niemals begegnet. I wo, der hätte ihn sowieso nicht erkannt. Denn damals regierte König Morung schon längst nicht mehr in seiner Residenz, sondern zog in Bettlers Gestalt in seinem eigenen Lande herum. Zerfallen und im Meere versunken war schon seit lang langer Zeit die Bernsteinstadt, die er zu seinem Ruhm begründet hatte.

König Morung, mußt du wissen, war ein häßlicher Mann. Du stellst dir einen König sicherlich schön und edel vor. König Morung aber sah richtig gemein und garstig aus. Und weil er sich seiner Häßlichkeit schämte, war er immerfort darauf bedacht, sich vor den Menschen irgendwie zu verherrlichen. So beschloß er, sich eine prächtige Residenz zu errichten, nein, nicht nur eine Burg, sondern eine ganze Stadt, eine Hafenstadt, eine Bernsteinstadt mit Häusern und Speichern, mit Plätzen und Türmen, mit Werkstätten und mit Werften. Alles, was ihm vom Himmel an Gnade versagt war, wollte er sich erzwingen. Jungchen, ich sage dir: Er war ein Besessener. Viele Jahre hindurch mußten seine Untertanen die härteste Fronarbeit leisten, um für ihn die phantastische Stadt zu erbauen. Aber kein Segen lag auf dem gottlosen Gemäuer.

Glaube mir, Jungchen, es war eine verfluchte Stadt, und außer den wenigen Höflingen und Beamten des Königs waren es nur vereinzelte fremdländische Händler, die dort aus freien Stücken logierten. Wohl besuchten anfangs viele Leute aus Neugier oder aus Angst die Residenz König Morungs; denn seine Boten bereisten das Land und kamen bis zu uns in die Niederung; und sie forderten uns allesamt auf, uns in der neuen Residenz registrieren zu lassen. Manche wurden durch königlichen Befehl sogar zum Dienst in den Betrieben und Werften verpflichtet. So machten wir uns denn auch eines Tages auf, um unserer Pflicht zu genügen und dem gefürchteten Bauherrn zu huldigen. Am Eingang der Stadt wurden alle, die dem Befehl der Regierung gefolgt waren, von Dienern des Königs — oder waren es Polizisten? — empfangen. Dann wurden wir als ein unbeholfener Haufen über die vielen gepflasterten Plätze und Straßen geführt, nein, getrieben, und mußten immerfort alles, wie unser Führer erwartete, bewundern und loben.

Am Ende keuchten wir die glatte Treppe des Palastes hinauf und blieben gedrängt und zaghaft unter der Säulenpforte des Prunksaales stehen. Die Wände des Saales waren ganz mit jenem goldenen Bernstein bekleidet, den man aus der Brandung des Meeres gefischt hatte. Inmitten des Glanzes aber thronte, schwarzgekleidet und den bernsteingezierten Kronreif auf seiner Stirn, König Morung, der Huldigungen gewärtig, erschreckend fremd, unnahbar und starr wie eine alte Götzenfigur. Keiner wagte es, die Rede an ihn zu richten. Verängstigt schielten wir alle auf unseren Führer; der sagte irgendetwas Eingelerntes auf, wir riefen zaghaft mit gedämpften Stimmen Heil und wurden wieder hinaus auf die Straße getrieben.

Allmählich blieben auch diese Besucher aus. Kein Käufer kam auf den Markt, kein Schiff lief ein in den Hafen, kein Mensch ging über die Straßen, leer standen die Häuser und Speicher. Da verließen sehr bald auch die fremden Händler wieder die Stadt; und die auf Befehl des Königs dort Angesiedelten flüchteten des Nachts heimlich über die Mauern.

Schließlich hauste König Morung mit seinem Gefolge allein in der Stadt. Gelangweilt lungerten die Höflinge in ihren Gemächern und maulten. Im toten Hafen sammelte sich der Schlick, und auf den Plätzen häufte sich Unrat an, von Fliegen umschwärmt. Hunde und Katzen streunten in den öden Gebäuden. Dieser und jener von den Dienern begann schon zu kränkeln, und am Ende hielt es kein einziger von ihnen in dem verhexten Gemäuer mehr aus. Eines Morgens — stell dir das vor! — fand sich der König, als er erwachte, von allen Menschen verlassen.

Da lief König Morung treppauf und treppab, um seine Kammerdiener und seine Höflinge, seine Leibwache und seine Minister zu suchen; er rannte schreiend quer durch die Stadt. Kein Mensch war da. Verwesungsgerüche stiegen aus den Gewässern auf.

Ratten und Kröten wimmelten in den Gassen, dunkle Vögel nisteten in den Nischen, von den Häusern bröckelte der Putz, und unaufhörlich staute sich in den Kanälen und Becken der faulige Schlamm. Da floh der letzte Mensch entsetzt aus der Stadt.

Gewiß, mein Jungchen, niemand war Zeuge dieser Flucht König Morungs; und weil er verschollen blieb seit jener Zeit, so behauptete man, daß er noch immer unerlöst throne im bernsteingoldenen Saal, indessen um ihn herum die Stadt verfaulte und verfiel, ohne daß das verfluchte Gemäuer sich je ein Mensch noch einmal zu betreten getraute.

Ach, warum erzähle ich dir das eigentlich, Jungchen? Ich bin ganz durcheinander, meine Gedanken schweifen und schweifen ... Richtig, das war es, ich wollte dir erklären, wie wir in den Besitz des Splitterchens aus König Morungs Bernsteinkrone gekommen sind. Du zweifelst vielleicht, daß der alte, hilflose Mann, den Onkelchen eines Tages am Dorfeingang vor den Kindern zu verteidigen hatte, als sie im Spiel nach ihm mit Stöcken schlugen, König Morung gewesen sei? Anzusehen war es ihm natürlich nicht. I wo, die Leute hielten ihn einfach für geistesgestört. Er bettelte in den Dörfern ... Nun ja, er bot allerlei wertloses Zeug, Lumpenzeug, das er aufgelesen hatte, zum Kaufe an. Onkelchen wollte die Kinder entschuldigen und sagte zu ihm: Die Kinder meinen es gar nicht so böse. Er erwiderte düster: Die Kinder merken es immer gleich, daß ich es bin; und deshalb schlagen sie nach mir. Aber er fügte sogleich hinzu: Gott weiß, ich habe es verdient. Onkelchen tröstete ihn: Wir haben es alle verdient. Er antwortete nicht ohne Stolz: Wer die Krone trägt, hat am meisten zu büßen.

Onkelchen erschrak und sagte sich: Die Leute haben wohl recht, er ist nicht ganz bei sich. Aber dann erinnerte er sich, daß bei den Vätern geschrieben steht: Gesegnet das Haus, das die Fremden und die Verfolgten beherbergt. Und er erinnerte sich ferner, daß in den alten Schriften erzählt wird, wie in Gestalt von Obdachsuchenden sich göttliche Wesen zu den Menschen begaben;

und so lud er ihn in unser Häuselchen ein und redete ihn mit den Worten an: Geehrter Herr Bettler! Und Onkelchen zwinkerte mir zu und gab mir zu verstehen: Unser Gast, der Herr Bettler, trägt eine Krone. Und wirklich, ein dunkelroter Streifen, das war deutlich zu sehen, lief um seine Stirn. Er suchte ihn zwar zu verheimlichen, indem er die Haare sich in die Stirne strich; aber dazwischen flammte das Zeichen, das ihm die Krone eingestempelt hatte, auf.

Was spricht man mit einem König bei Tisch? Onkelchen und ich, wir waren beide verlegen. Ich glaubte unserem Gast etwas Freundliches, etwas besonders Gescheites zu sagen. Das sind hübsche Sächelchen, sagte ich, die Sie zu verkaufen haben, wirklich hübsche Sächelchen! Gewiß gibt es bei Ihnen auch Bernstein zu kaufen, Bernstein aus den Ruinen der Bernsteinstadt? Unser Gast erwiderte mit jäher Heftigkeit: Kein Wort mehr von der Bernsteinstadt! Die Erbauer hatten versäumt, die Seele in die Mauern einzulassen, darum ist die Stadt zugrunde gegangen. Er fuhr fort und bemühte sich, demütig zu sein: Ich habe nur wenige Splitter aus meiner zerbrochenen Krone behalten. Aber die sind unverkäuflich; die werden nur an die Barmherzigen, die den Unterdrückten, den Armen und den Verachteten beistehen, verliehen.

Wir wagten danach kein Wort mehr an unseren Gast zu richten. Er hatte eine gebieterische Art zu schweigen. So verbrachten wir wortlos mit König Morung den Abend. Onkelchen und ich, während wir Zwiebeln köpften, murmelten nur manchmal still und einträchtig vor uns hin: Jaja, das läßt sich denken, das ist wahr.

In aller Frühe, als wir noch schliefen, verließ König Morung heimlich das Haus. Ein Splitter der zerbrochenen Bernsteinkrone lag auf dem Tisch. Onkelchen meinte: Siehst du, er hat uns ein Stück seines königlichen Leids hinterlassen. Ach ja, Onkelchen und ich, wir wurden wirklich zu jeder Zeit mit dem Besuch der Unterdrückten und der Verfolgten beehrt; und schließlich sind wir selber unter die Verfolgten geraten. Nein, wegen König

Morung haben sie uns nicht verfolgt; sie haben einfach über uns gelacht, wie sie auch den alten Bettler ausgelacht haben. Aber es war gar nicht zum Lachen, was er über die untergegangene Bernsteinstadt zu uns gesagt hat. Ich habe vieles vergessen — denn es ist Jahrhunderte her — aber das ist mir hörbar im Gedächtnis geblieben, wie er sagte: Man hatte versäumt, die Seele in die Mauern einzulassen.

Jungchen, ich schweife und schweife mit meinen Gedanken umher und denke mir, daß so manches, was wir beklagen, zugrunde gegangen ist, weil man die Seele nicht in die Mauern eingelassen hat. Sie war auch nicht eingelassen in die Mauern der Burg, in welcher der Superintendent beim Ordensvogt saß und mit den Ordensrittern pokulierte und sang: Die Heiden sind in großer Pein, wir wollen alle fröhlich sein! — Jungchen, überlege dir doch, ob das der Heiland der Heiden wirklich gemeint hat, als er seinen Jüngern befahl: Gehet hinaus in die Welt und predigt dort den Völkern! Wir aber, sage ich dir, wir haben es selber mitangesehen, wie sie, statt zu predigen, plünderten, und wie sie die Heiden, anstatt zu bekehren, gejagt haben wie das Wild im Revier. Der Kreuzzug ist in Wahrheit ein Raubzug gewesen.

So ungefähr hat es mein Seliger zu dem Superintendenten gesagt. Nein, nicht zu dem Superintendenten! Verzeih, ich bringe den Superintendenten, den Ordensvogt und den Vorsitzenden von nebenan durcheinander. Es war der Abgesandte des Ordensvogtes; dem also hat auf seine stille und traurige Weise Onkel Peleikis gesagt: Mir scheint, ihr habt das Kreuz nur gebracht, um zu kreuzigen. Aber der erwiderte und zuckte nicht mit den Wimpern: Du irrst, wir kreuzigen nicht, wir verbrennen! Und der, den sie verbrennen wollten, ist nicht einmal ein Heide gewesen, sondern ein Gläubiger, ein wahrhaft Gläubiger, der nicht glauben konnte, daß die Mutter Maria eine Kriegsgöttin an der Spitze einer Armee von Eroberern und von Henkern sei. Sie haben den, den sie verbrennen wollten, glücklicherweise nicht erwischt; dafür wurde uns unser Häuselchen von den Leuten des Ordensvogtes angesteckt.

I wo, das war nicht das Schlimmste! Wirklich schlimm ist es erst viel später gekommen. Weißt du noch, Jungchen, was ich dir vorhin von dem Herrn aus Königsberg erzählte, wie er allein ins Elchrevier gegangen war und wie Onkelchen in große Angst um seinetwillen geriet? Unser Gast hat danach einen langen Artikel für eine berühmte Zeitung im Reich geschrieben und hat uns sogar das Blatt nach Tarve geschickt. Es war darin alles sehr schön und richtig beschrieben, und wir beiden, Onkelchen und ich, sind auch in dem Artikel vorgekommen. Wir haben zum ersten Mal in der Zeitung gestanden und sind beide ziemlich stolz darauf gewesen. Leider habe ich die Zeitung nicht mehr. Die Polizei hat sie bei einer Hausdurchsuchung beschlagnahmt. Die Sache ist dann sehr gefährlich für uns geworden, und jetzt durften wir mit einem Male nicht mehr stolz auf den Artikel sein. Der Herr aus Königsberg war doch ein Jude.

Wir wußten es nicht, als er eines Abends — es war im November, ein Jahr vor dem zweiten großen Krieg — wie ein Tourist von Nemonien aus angeradelt kam. Wir wunderten uns nur, weil doch um diese Jahreszeit kein Mensch mehr aus Vergnügen zu verreisen pflegt. Von dem, was wenige Tage zuvor jenseits der Niederung in den Städten geschehen war, wo man die Synagogen angezündet hatte, von all dem hatten wir noch nichts gehört.

Drüben im Dorfkrug auf der anderen Seite des Kanals versammelten sich freilich regelmäßig die von der braunen Partei mit großem Radau. Der Wirt vom Krug und seine braunen Genossen waren sehr böse auf Onkelchen, weil er niemals die Versammlungen im Dorfkrug besuchte. Dort war auch ein Lautsprecher. Wenn es aus dem Lautsprecher brüllte, fuhr Onkelchen gewöhnlich auf das Haff zum Fischen hinaus, und es gab Nachbarn, die das beobachtet und dem Wirt gemeldet hatten.

Sie meldeten ihm auch, daß wir nach wie vor unsere Andachten hielten. Wir waren nur noch sehr wenige. Die meisten gingen lieber aus Angst oder auch aus Überzeugung zu den Parteiversammlungen im Krug. Und dort versprach man ihnen, das ganze im vorigen Krieg verlorene Land und neues Land dazu zu gewinnen. Und sie jubelten, viele aus Angst und viele aus Begeisterung. Wir aber verstanden das nicht und trafen uns statt dessen in unserem Häuselchen, um gemeinsam die Bibel zu lesen.

Auch deine guten Eltern waren treu geblieben, obwohl man uns gewarnt hatte. Unsere Andachten, so habe der Wirt im Dorfkrug gesagt, seien gegen die Volksgemeinschaft gerichtet. Er nannte es Sabotage. Wir hatten bis dahin gar nicht gewußt, daß die Bibel ein so gefährliches Buch ist. Der Superintendent hatte immer nur von der Obrigkeit und vom Gehorsam gepredigt; nun erschraken wir über uns selbst, als wir merkten, daß wir als Christen der Obrigkeit nicht mehr gehorchen konnten. Und wir lasen auch in der Bibel, daß dem Menschen die Eroberung der ganzen Welt nichts nützen würde, wenn er dabei seine Seele verliert. Jungchen, glaube mir, wir lasen es mit bebenden Herzen und mit zitternden Stimmen. Aus dem Dorfkrug hörten wir ja das kommandierte Geschrei, und es war dein Papinka, der in der Bibel blätterte und das Wort des Propheten entdeckte: ... denn sie schreien Heil, Heil, wo doch kein Heil vorhanden ist. Es kam uns vor, als schlügen uns Flammen aus dem Heiligen Buche entgegen.

Wir waren auf alles dies nicht vorbereitet. Auch der Besuch des Herrn aus Königsberg brachte uns in Verlegenheit. Wir hatten ihn nicht erwartet und konnten uns seiner nur noch schwach erinnern. Es waren seit seinem ersten Besuch zehn Jahre vergangen, und er hatte sich sehr verändert. Wir redeten zuerst aneinander vorbei. Er verstand unsere Verlegenheit falsch, als wir auf seine Bitte um ein Nachtquartier nur zögernd und unbeholfen erwiderten. Er war mißtrauisch und ängstlich; er wußte ja nicht, ob uns noch zu trauen war. Wir haben uns nachher unserer Ungeschicklichkeit geschämt, sobald er es endlich gewagt hatte, uns zu fragen: Sie wissen doch, daß ich Jude bin?

In einem viel tieferen Sinn, als er es meinte, hatten wir es wirklich nicht gewußt. Wie soll ich es dir erklären, Jungchen? In dem von den Braunen geächteten und verfolgten Juden entdeckten wir das von den Christen vergessene und geschmähte Volk unseres Herrn Jesus, das Volk Israel. An diesem Abend, als wir uns wie Verschwörer fühlen mußten, weil wir einem Menschenbruder — man könnte ja auch sagen: einem Menschensohn, — der in größter Not war, Schutz gewährten, an diesem Abend hat uns Gott seine große Lektion erteilt. Wir mußten erst einmal vieles verlernen, um das Neue dafür erkennen zu können. Mit dem flüchtigen Juden zusammen begannen auch wir auszuwandern aus dem, was uns bis dahin lieb und gewohnt gewesen war. Plötzlich waren wir in unserem Dorf nicht mehr zu Hause. Wir hörten aus dem Dorfkrug das schreckliche Heilgeschrei und wußten doch aus der Bibel, über die wir uns in dieser Nacht gemeinsam mit unserem Gast, dem Juden, beugten, daß da kein Heil vorhanden war.

Ach, Jungchen, wir hatten die Heimat schon längst verloren, bevor wir das Land verlassen mußten, wohin es für uns keine Rückkehr mehr gibt. Für Onkel Peleikis hatte es damit seine besondere Bewandnis. Die Braunen haben uns, kaum daß unser heimlicher Gast nach wenigen Tagen weitergeradelt war, da haben uns die Braunen verhört, und bei dem Verhör fanden sie auch die Zeitung und entdeckten uns in dem Artikel des Juden. Mir selbst konnten sie nichts Schlimmes mehr antun, nachdem sie mir das Onkelchen weggeholt hatten. Ich habe ihn nicht wiedergesehen.

Aber ich habe vorhin, als er bei mir seinen Mantel abgab, den Mann aus Tarve wiedererkannt, der uns wegen des Juden aus Königsberg angezeigt hatte. Seitdem bin ich ganz durcheinander, Jungchen. Ich merkte plötzlich, wie wenig ich selbst zur Vergebung und zur Feindesliebe imstande bin. Ich glaubte, im Frieden zu sein; und nun zittern mir meine alten Glieder vor Angst; denn wenn jetzt dieser Abend des Unfriedens zu Ende ist, und die Leute drängen sich an der Garderobe und geben mir ihre Marken ab, dann wird sich unter den vielen ungeduldigen Händen mir auf einmal auch diese Hand entgegenstrecken, diese

Hand, die damals auf uns gezeigt hat; und aus den vielen Gesichtern werden auch die Augen des Mannes aus Tarve blicken, diese Augen, die uns damals belauerten, diese Späheraugen aus Tarve, aus dem mich diese Hände, diese Augen, diese Gesichter, diese Vertreiber, diese Vertreiber des Friedens vertrieben!

Doch könnte es sein, daß unser Herrgottchen Mutter Peleikis aus der Memelniederung just dazu hierher in die Garderobe gesetzt hat, damit sie, eine einfache Wärterin zwischen Mänteln, Hüten und Schirmen, auf diesem unansehnlichen Posten nicht ihren, sondern seinen Frieden zu hüten erlernt ...

DER HIMMEL
DES CLOWNS

*Was denkt wohl der Clown, wenn er vor seinem Auftritt, in der Garderobe dem Spiegel gegenüber sitzend, das erste Klingelzeichen vernimmt?*

Noch fünf Minuten … Immer die gleiche Nervosität, obwohl ich doch schon so lange beim Zirkus bin. — Die Maske ist in Ordnung, die Nase sitzt, die Glatze wirft keine Falten … Hoffentlich vergißt der Inspizient nicht wieder ein wichtiges Requisit wie gestern, als der Hut auf dem Kleiderständer fehlte! Gewiß, es war auch meine Schuld: Ich hätte nicht bis zum letzten Klingelzeichen in meiner Garderobe warten sollen. Ein schöner Schreck! Glücklicherweise kam mir zur rechten Zeit noch der rettende Einfall! Die goldbestickte Mütze, die ich vom Kopf des ahnungslosen Stallmeisters wegstibitzte, erhielt sogar einen Sonderapplaus.

Mit dem alten zerbeulten Hut ist aber pantomimisch viel mehr anzufangen. Die prächtigen Stallmeistermütze, als sie dann so herausfordernd allein auf dem Kleiderständer hing, konnte geradezu an Geßlers fatales Machtsymbol erinnern. Und das war die Schwierigkeit. Was sollte ich aus dem Handgelenk daraus machen? Vor der Mütze eines Stallmeisters oder eines Diktators zu salutieren, ist doch im allgemeinen nicht lustig, sondern nur ekelhaft. Man tut es aus Angst, aus Servilität, und nicht zum Spaß. Wilhelm Tell, wie man aus Schillers Gesammelten Werken weiß, hat sich geweigert. Ich bin jedoch kein Schiller'scher Held; ich bin einfach ein Clown. Tja, wie verhält sich ein Clown in der Diktatur? Wie bringt er es fertig, die Wahrheit zu zeigen, ohne daß er die Geheimpolizei provoziert? Offen gestanden, ich richte mich nicht gerne selbst zu Grunde … Wie vermeidet man aber die Provokation, ohne daß man an Wahrhaftigkeit einbüßt?

Ich sollte diese Version einmal für mein nächstes Programm studieren. Etwa so: ich würde der Mütze mit listigem Erstaunen und souveräner Naivität begegnen. Tja, das könnte vielleicht dem Ding seinen gefährlichen Nimbus nehmen. Kann aber ein Zirkuspublikum heute und hierzulande überhaupt noch eine solche Szene verstehen? So eine Mütze ist doch kein Statussymbol mehr für uns Demokraten! Nein, nein! Wenn ich mir vorstelle: Eine Generalsmütze zwischen lauter ziviler Kopfbedeckung! Die könnte einem wirklich beinahe leid tun. Sie sieht aus, als wollte sie sich geradezu für ihre Kokarde vor den bürgerlichen Hüten entschuldigen. Nein, nein, kein Thema für einen Clown! Ich bleibe dabei, mich mit dem verdrückten und verschwitzten Läusebehälter zu unterhalten. Darauf hat das Publikum noch allemal ganz gut reagiert. Warum sollte es also diesmal nicht klappen? Vielleicht bin ich heute ein wenig nervöser als sonst, weil ich Willi erwarte. Ich kann mir einfach die lächerliche Angst nicht abgewöhnen, ob es mir auch gelingen wird, diese unbekannten Zuschauer, die unter der Zirkuskuppel auf mich warten, zu lieben. Sonst glauben sie mir meine Späße nicht.

Das zweite Klingelzeichen! Ich habe noch Zeit ... Gut, warte ich am Eingang zur Manege!

*Er begibt sich in seiner schlampigen karierten Hose mit seinen viel zu großen Schuhen zum Manegeneingang, wo ihn die lärmende Zirkusmusik empfängt. Aus der Manege sind, sobald die Musik schweigt, die suggestiven Rufe des Dompteurs zu hören. Er ruft: Hoi hopp — Hoi hopp! Dem lautlosen Sprung der dressierten Tierleiber folgt das Klatschen des Publikums und ein wilder Musiktusch. Dies wiederholt sich mehrere Male. Dem Clown geht dabei allerlei Ungeordnetes durch den Kopf. Er stellt fest, daß er sich viel zu früh zur Manege begeben hat, und erlaubt sich einen Blick durch das Loch im Vorhang:*

Ob mein alter Schulfreund die Einladung erhalten hat? Vorläufig kann ich Willi und seine Frau nicht entdecken. Womöglich geht er als Pfarrer nicht in den Zirkus?

Ich hätte doch lieber in der Garderobe warten sollen. An der Raubtiernummer werde ich nie Geschmack finden können. Es stellen sich immer wieder die gleichen peinlichen Erinnerungen an den römischen Zirkus ein.

Meine Erinnerungen reichen wirklich in schwindelerregende

Tiefe. Ich möchte nicht, doch ich muß hinunter blicken in den Schacht. Ich blicke, — vielmehr ich falle, falle hinab in den Schacht der Zeit, finde mich wieder im römischen Zirkus, in der Arena ... Ich bin aufgeregt. Unsere Löwennummer ist an der Reihe. Mir fangen alle Glieder zu schlottern an ... Es ist mir sehr peinlich ...

Mit Willi, dachte ich, müßte darüber zu sprechen sein. Als Theologe könnte er sich gewiß in meine Lage versetzen. Paula, die kleine Dompteuse, war bestimmt nicht der richtige Adressat. Wie kam ich bloß darauf, gerade ihr meine verrückte Geschichte, meine Löwengeschichte, aufzutischen? Ich war eben verliebt und ungeschickt ... Und ausgerechnet vor ihrem Auftritt mit den dressierten Löwen! — Unsere Löwen waren natürlich nicht dressiert. — Paula sagte nur: Du bist ein widerwärtiger Clown.

Es war wirklich sehr dumm von mir! Ich wollte sie aus lauter Verliebtheit theologisch interessieren. So etwas Albernes! Unserem Auftritt damals im römischen Zirkus war nämlich eine erbitterte theologische Kontroverse vorausgegangen. Eigentlich lächerlich! Wir waren untereinander fast mehr verfeindet als mit den Ungläubigen, die uns zum Zirkustod verurteilt hatten. Wir disputierten im Kerker wie auf einem Konzil.

Paula sah mich wie einen Verrückten an.

Die eine Partei ereiferte sich für eine Theologie des Martyriums. Die spekulierten geradezu auf die Blutgier der Bestien. Die hofften im Ernst, durch einen anständigen christlichen Opfertod das ungläubige Zirkuspublikum zu bekehren. Wir anderen waren dagegen fest davon überzeugt, es müsse uns, den Getauften, das Wunder gelingen, die unerlöste Kreatur durch unser Halleluja zu bändigen.

Aber wie sollte das meine kleine Dompteuse verstehen?

Wir begeisterten uns für einen heiligen Kraftakt, sozusagen für eine mystische Dressur. Wir träumten davon, unserem heidnischen Publikum einen sensationellen Beweis für die praktische Wirkung des Glaubens zu liefern. Tatsächlich!

Paula wurde dadurch ganz verwirrt.

Unsere Enttäuschung war natürlich dementsprechend groß: Die Löwen reagierten überhaupt nicht auf unsere frommen Beschwörungen. Und ich selbst war mehr mit Schlottern als mit Beten beschäftigt.

Diejenigen, die sich auf das Martyrium eingerichtet hatten, waren besser dran; die kamen, was das Leiden betrifft, vollkommen auf ihre Kosten, während uns unsere Hallelujanummer total mißlang. Die Kreatur blieb unerlöst. Es war, theologisch gesehen, ein Reinfall.

Und erst recht in Bezug auf Paula.

Ich selbst bin dann als einziger davon gekommen, freilich ganz anders, als ich mir gedacht hatte. Hatte ich wirklich an ein Wunder gedacht? Es geschah kein Wunder. O nein, es war nur komisch.

Aber gegen Löwendressur habe ich seitdem ein Vorurteil. Bloß Paula zuliebe war ich bereit, mir ihre Löwennummer anzuschauen. Sie sagte noch: Dich nimmt ja doch keiner ernst. Sie konnte nicht ahnen, wie ernst es gemeint war. Ich habe jedesmal Pech, wenn ich etwas im Ernst zu sagen versuche; es ist besser, ich sage nichts. Warum wurde ich Clown? Eben, um etwas zu zeigen, wozu mir die Worte zu laut sind.

*In der Arena wiederholt sich zum letzten Male das gleiche Spiel: die Rufe des Dompteurs — Hoi hopp ... hoi hopp —, erwartungsvolle Stille, der lautlose Sprung dressierter Tierleiber, der Musiktusch, anhaltendes, allmählich verebbendes Klatschen des Publikums.*

Die Manege ist löwenfrei ... Jetzt bist du an der Reihe, alter Clown. Nimm dich zusammen!

*Er latscht, zerstreut und von seinen viel zu großen Schuhen behindert, in die Manege, von den Zuschauern mit freundlichem Lachen empfangen. Er redet währenddessen in sich hinein:*

Ich glaube, ich fange schon an, die Leute zu lieben ...

Willi, werde ich dich auch wiedererkennen? Ich hätte dich gerne im Auge gehabt, wenn ich jetzt den — fiktiven — Hut zum

Dank für den Applaus sehr feierlich und ehrerbietig ziehe, —
siehst du: so —, um mich alsdann nach zahlreichen Verbeugun-
gen in jeder Richtung mit dem — fiktiven — Hut wieder ebenso
umständlich zu bedecken. Die Pantomime ist wichtig; davon
hängt nämlich das Gelingen der ganzen folgenden Szene ab;
denn jetzt bemerke ich den Hut, der ganz verlassen auf dem
Ständer sitzt, und erschrecke.
*Dies ist der erste Laut, den er von sich gibt:*
Ooh!
*Das Publikum reagiert lachend. Der Clown kommentiert seinen
in der Hauptsache stummen, nur durch wenige Laute oder
schüchterne Bemerkungen unterbrochenen Auftritt, indem er in
Gedanken zu sich selber spricht:*
Zum Wesen eines Clowns gehört, daß er vor den einfachsten
Gegenständen erschrecken und vor den banalsten Dingen in
Staunen geraten kann. Dieser Hut erscheint mir völlig fremd.
Herrjeh, was ist das für ein räudiges, heruntergekommenes
Stück! Nicht zum Anfassen!
*Er schüttelt sich und platzt heraus:*
Igittegitt...
*Nun wieder für sich:*
Man kann das ekelhafte Ding nur im großen Bogen umkreisen.
— Meine Glatze merkt noch immer nicht, daß sie unbedeckt
ist. — Doch ich muß vorsichtig sein: Der Besitzer des Hutes ist
sicherlich in der Nähe. Was mag das für ein Mensch sein? Er
beobachtet mich — ich fühle es — voller Argwohn. Er paßt auf,
ob ich seinem Hut in anständiger, höflicher Weise begegne. Ich
ziehe meinen — fiktiven — Hut vor dem Hut.
*Mit übertriebener Feierlichkeit spricht er ihn an:*
Habe die Ehre!
*Er fährt fort in der Selbstbeschreibung:*
Meine Glatze merkt noch immer nichts. — Soll ich ihm ein
wenig näher treten? Ich trete ihm ein wenig näher.
*Er versucht eine Unterhaltung mit dem dubiosen Ding:*
So allein, Herr Hu-Hut?

*Das Publikum reagiert mit Lachen, und der Clown überlegt sich, was nun zu tun ist:*

Ich werde mich in der Arena umschauen, ob irgendwo ein Kopf ist, der zu diesem Hute paßt. Ich gucke mir den Hut an, ich gucke mir die Leute an, ich gehe methodisch vor. Vielleicht entdecke ich dabei Willi und seine Frau. — Ob sein Gesicht das Gesicht eines Pfarrers ist? — Also wer, wer paßt zu dem Hut? Dieser Herr hat einen besonders markanten Kopf.

*Er riskiert es, den fremden Zuschauer mit dem markanten Schädel anzureden:*

Mein Herr, Ihr Hu-Hut?

*Er weiß jedoch genau:*

Natürlich will sich keiner zu diesem Dreckstück bekennen. Aber die Leute möchten angesprochen werden, möchten mitspielen, möchten sich mit mir auf die Suche nach einem Opfer begeben.

*So wendet er sich an einen weiteren Zuschauer:*

Mein Herr, vermissen Sie wirklich nicht Ihren Hu-Hut?

*Der Herr winkt souverän und lachend ab.*

Wer will schon etwas mit diesem durchlöcherten Hut zu tun haben. Man sieht ihm ja an, daß mit dem dazugehörigen Kopf kein großer Staat zu machen ist.

*Der Clown aber gibt nicht nach und spricht einen eleganten Zuschauer in der dritten oder vierten Reihe an:*

Herr Doktor, bekennen Sie sich zu diesem Hu-Hut?

*Auch der elegante Zuschauer, was zu erwarten war, bekennt sich nicht zu ihm. Immerhin, der Clown stellt bei sich folgende Erwägungen über den verachteten Hut an:*

In seiner Glanzzeit hatte er vielleicht die Weltverbesserungsideen eines Lehrlings an der Kreissparkasse von Hintertupfenhausen zu hüten.

*Nun gut, man darf es nicht aufgeben:*

Was meint Ihr Ko-Kopf, Herr Direktor, zu diesem Hu-Hut?

*Der Direktor fühlt sich erst recht nicht zuständig. Schade, denkt der Clown, nämlich was die Weltverbesserungsideen jenes Lehrlings von Hintertupfenhausen betrifft:*

Die Ideen verflüchtigten sich, und unter dem Hut blieb ein ziemlich leerer Kopf zurück.

*Mit gespielter Verzweiflung schreit der Clown das Publikum an:*

Aber irgendein Ko-Kopf gehört doch hier zu diesem Hu-Hut?

*Nein, diese Verzweiflung ist nicht nur gespielt. Der Clown denkt an Willi:*

Wenn Willi hier wäre, müßte doch er als Christ sich um dieses Dokument eines verkorksten Lebens kümmern. Aber nein, er ist kein Clown, er ist Pfarrer. — Meine Glatze hat noch immer nichts gemerkt.

*Er schlägt einen anderen Ton an, wagt sich bis weit in die Zuschauerreihen hinein:*

Erbarmt sich keiner über di-diesen verlassenen, vom Schicksal heimgesuchten Hu-Hut?

*Das Spiel ist riskant, er erinnert sich:*

Ein Spaßvogel im Publikum hätte an dieser Stelle mir einmal fast die Pointe kaputt gemacht. Ein Clown von Natur unter den Zuschauern ist ein regelrechtes Malheur. Nein, ein Clown ist nicht natürlich. Der natürliche Mensch besitzt nicht die Demut des Clowns; er liebt es, zu lachen, aber er liebt es gar nicht, selbst ausgelacht zu werden.

*Nun steht der Clown wieder ratlos in der Manege und redet — fast zärtlich — die kopflose Kopfbedeckung an, die einsam auf dem Kleiderständer hängt:*

Hu-Hut, sag du mir: Wo ist dein Herrchen, wo ist dein Köpfchen? Geh, such selbst, wo ist Herrchen, wo ist Köpfchen? Such, such!

*Er wartet vergeblich:*

Das faule Stück, von sich aus unternimmt es nichts.

*Er beschwört von neuem das stumpfsinnige Ding:*

Such, such!

*Er überlegt:*

Alles Zureden hilft nicht, hier ist guter Rat teuer. Muß ich mir also selbst den Hut samt Kleiderständer auf die Schultern laden und ihn durch die Manege schleppen? — Willi, da siehst du es, der Clown ist im allgemeinen leider ein etwas dummer und darum gutmütiger Mensch.

*Tatsächlich, er schleppt den Kleiderständer samt Hut unter dem Gelächter des Publikums durch die Manege und redet dem Hut wie einem verlaufenen Hundevieh zu:*

Sage, wo ist nun das Herrchen! — Was meinst du wohl zu di-diesem Herrn? Ein Mann von Stand, ein Mann vom Vorstand mit Verstand und Anstand, kurz: ein an- und be- und ver- und zu-ständiger Mann, ein Mann mit Zuständen.

*Der Clown erschrickt einen Augenblick über das von ihm provozierte Gelächter:*

Schau an, den alten Herrn habe ich tatsächlich verlegen gemacht. — Willi, warum meldest du dich nicht?

*Da sich Willi nicht meldet, greift er sich ein anderes Opfer — in der fünften Reihe — heraus. Alle Blicke folgen seinem ausgestreckten Arm:*

Und wie ist es mit dem O-Onkel da drüben?

*Diesmal ist der Effekt ein unerwarteter:*

Der Onkel macht sogar richtig mit, der kennt keine Hemmung.

*Doch der Hut ist noch immer nicht an den Mann gebracht. Der Clown verhaspelt sich vor lauter Aufgeregtheit:*

Oder der di-dieser, diesige, dasige, da-die-da.

*Gleich ist der Augenblick der Peripetie gekommen:*

Aber erst noch einmal quer durch die Arena!

*Der Clown gibt sich immer nervöser:*

Und hier, ein-eingebildeter Mann! Verzeihung: kein, nein, kein, ein, nein, kein, neingebildeter Mann.

*Das war aber nicht nur aus Nervosität gestottert:*

Willi, du merkst, man hat Schwierigkeiten — als Clown — mit der Sprache.

*Man hat sie erst recht mit den Dingen. Da nützt es nicht viel, das armselige Ding anzuschreien:*

Du, Hu-Hut, warum sagst du-du nichts?

*Und noch wütender:*

Du Miststück!
*So kommt es zu brutaler, wortloser Handgreiflichkeit:*
Wumbs, da liegt der Kleiderständer, da rollt der Hut kopflos
davon!
*Jetzt hat das Ding sich offenbar selbständig gemacht. Die Zu-*
*schauer amüsieren sich über den gefoppten Clown: Von seinen*
*viel zu langen Hosen und ausgelatschten Schuhen behindert,*
*nimmt er stumm verbissen die Jagd auf:*
Hinterher, hinterher! Gut gestolpert! Auf, und noch einmal
gestolpert!
*Und nun, erbittert durch das brüllende Gelächter seines Pu-*
*blikums schreit er mit schriller Stimme, als gelte es, den Himmel*
*selber anzuklagen:*
Du — mir nicht länger, ich mir nicht länger bieten lassen, lassen
bieten, bieten lassen, lassen bieten ...
*Nein, er läßt sich's nicht bieten, er rächt sich an dem Hut, den*
*er endlich eingeholt hat:*
Jetzt aufgepaßt, mit einem Tritt, so — befördere ich den Hut
durch die Manege direkt in die Mitte.
*Ein erster wilder, triumphierender Schrei:*
Ha!
*Doch das genügt ihm nicht; es folgt etwas Häßliches:*
Ein Strafgericht, ein großer Spaß, ein zertrampelter Hut!
*Dazu das unartikulierte Brüllen des Siegers:*
Ha, ha, ha!
*Während das Publikum noch unbekümmert applaudiert, voll-*
*zieht sich bereits etwas Neues im Bewußtsein des Clowns:*
Wenn du dich doch irgendwo zwischen den Zuschauern versteckt
hältst, Willi, paß auf, jetzt kommt die Pointe, die Peripetie, der
richtige Spaß. Eigentlich ist es ein Schmerz, paß auf! Ich will
mich bedanken für den Applaus, ich greife, um den Hut abzu-
nehmen, an meinen Kopf, greife ins Leere, fange an zu begreifen,
betrachte lange und ernsthaft meine leere Hand, befühle noch
einmal meine obere Blöße, und dann das Erkennen, das Selbst-
erkennen, das Wiedererkennen der mißhandelten Kreatur,

meines eigenen Hutes, auf dem ich stehe — eben noch in der protzigen Pose des Siegers, nun aber gedemütigt, zu Boden geworfen, weinend.

*Und, von der Musik diskret, nicht zu laut, untermalt, heult er jammervoll, daß es Gott erbarmen könnte, auf:*

Oooh ... oooh!

*Bei dem Gelächter des Publikums — aber wer lachte nicht mit? — ist dem Clown nicht ganz wohl zumute:*

Damit die lachen können, muß ich heulen.

*Und er heult trotzdem von neuem:*

Oooooh, oooh!

*Denn, nicht wahr, dazu ist er Clown:*

Denen zuliebe, Willi, muß ich mich blamieren. Ich habe meinen Hut verloren, ich habe mein Gesicht verloren, ich habe mich selbst in mein Gesicht getreten.

*Wer von den Zirkusbesuchern den tieferen Sinn der Szene verstanden hat, — wenn man das wüßte! Der Clown heult ins Ungewisse hinein:*

Oooh, oooh!

*Jetzt aber bricht er auf dem Höhepunkt seines Lacherfolgs abrupt das Jammerkonzert ab:*

Ich fühle plötzlich etwas in meinem Rücken, Willi, etwas Stechendes. Wenn du das bist ... nein, du bist es nicht. Deine Augen, alter Junge, würden nicht stechen. Ich wage nicht mich umzublicken. Das Publikum hat den andern schon längst bemerkt. Ich spüre die Spannung; doch ich bin feige.

Ich verstecke mein Gesicht in meinem mißhandelten Hut. Ich bin ein Clown, ich darf schlottern — an allen Gliedern. Ich darf meine Angst zur allgemeinen Belustigung zeigen.

Es ist für die Leute irgendwie tröstlich, wenn sich einer so ehrlich zu seinem Defekt bekennt. Mein Publikum im römischen Zirkus hat auch gelacht. Von jeher habe ich komisch gewirkt, ich kann nichts dafür. Doch das war meine Rettung. Kann es nicht sein, daß sogar Gott an mir seinen Spaß gehabt hat? Über das forcierte Märtyrertum meiner Glaubensgenossen hat sich das römische Publikum einfach geärgert. Als Theologe bist du wahrscheinlich nicht einverstanden mit mir, Willi? Du meinst vielleicht, ich müßte mich schämen, weil ich von den Löwen nicht aufgefressen worden bin: es sei besser, ein Märtyrer zu sein als ein Clown. Darüber wollen wir nachher diskutieren.

Ich habe genug geschlottert. Irgend etwas muß sich jetzt tun. Paß auf, ich wende mich langsam, sehr langsam dem unheimlichen Wesen in meinem Rücken, dessen Augen mich zu durchbohren scheinen, zu. Ich halte aber den Blick nicht aus, verstecke mich wieder, blinzle ein bißchen am Hutrand vorbei, versuche mir ein Urteil über das erschreckende riesige Gegenüber zu machen.

Wer ist das? Eine Amtsperson? Er sieht anonym aus. Etwa ein Kontrolleur? Er verzieht keine Miene. Wenn ich nur wüßte, was und von wem und warum kontrolliert wird!

Aber ich brauche keine Angst vor einer Kontrolle zu haben. Ich gebe mir einen Ruck, stehe auf, sehe mit Zuversicht der Kontrolle entgegen. Ich versuche mich arglos zu geben. Nicht wahr, meine ganze Erscheinung strahlt ein reines Gewissen aus? Mein Hut, wenn auch durchgeschwitzt und verbeult, hat dennoch einen kecken und unbekümmerten Ausdruck. So schlendre ich wie ein Spaziergänger in Sonntagslaune an ihm, dem Kontrolleur, vorbei. Wie wäre es, wenn ich dazu ein Liedchen pfiffe? Aber was für ein Liedchen? Zum Beispiel dieses?

*Er pfeift die Melodie von »Hänschen klein, ging allein ...«, gibt aber nach einigen Takten, sichtbar erschrocken, das Pfeifen auf:*

Irgend etwas ist mit mir doch nicht in Ordnung. Ich spüre nämlich, wie mich der Kontrolleur mit seinem Mißtrauen verfolgt. Ich blicke mich vorsichtig um. Tatsächlich. Aber ich lasse mich nicht einschüchtern. Vielleicht stört ihn das Pfeifen. Ich kann ja auch singen.

*Er singt — ziemlich falsch, aber mit forcierter Fröhlichkeit:*

»Hänschen klein, ging allein in die weite ... weite ...«

*Und hält wiederum inne:*

Was sagst du dazu, Willi? Den Augen des Kontrolleurs ist nicht zu entkommen. Man darf eine Amtsperson nicht ignorieren. Kontrolleure sind reizbar. Gut, ich nehme Haltung an. Ich zeige mich selbstbewußt. Mein Gott, wie er mich anblickt! Was will er von mir? Die Personalien? ...

*Er bemüht sich, laut und deutlich Auskunft zu geben:*
Aber ich heiße nicht Hänschen Klein ... Ich ... ich ...
*Die Stimme versagt ihm.*
Ich suche aufgeregt in sämtlichen Taschen nach meinem Personalausweis, ich krame lauter alte Fahrscheine, Photographien, unbezahlte Rechnungen und unbeantwortete Briefe, einen Kamm, eine Sonnenbrille, ein Taschentuch und — wie peinlich — eine Rolle Clopapier hervor. Unglücklicherweise wickelt sich die Rolle Clopapier ihrer ganzen Länge nach auf. Unter den mißbilligenden Blicken meines Kontrolleurs kniee ich nieder, rolle mit zittrigen Händen das Clopapier wieder zusammen.
*Dazu das schallende Gelächter des Publikums.*
Es ist mir sehr unangenehm, daß der Inhalt meiner Taschen, sozusagen meine Privatheit, vor den Augen der Öffentlichkeit bloßgestellt ist. Ich räume hastig den Krimskrams in meine Taschen wieder ein. Der Kontrolleur achtet gebieterisch darauf, daß alles, jedes Papierstück, sorgfältig vom Boden entfernt wird. Auch der Garderobenständer — ich brauche ihn gleich — muß wieder aufgestellt werden.
Zu meinem Entsetzen weist mich der Kontrolleur mit seinem Knüppel, den er bisher im Rücken versteckt gehalten hatte, auf ein liegengebliebenes Photo hin. Es läßt sich nicht leugnen, das Photo gehört mir. Aber ich leugne. Es ist in der Tat ein bißchen obszön. Ich bestreite entschieden, der Besitzer zu sein. Ich probiere, mich lachend aus der Affaire zu ziehen.
*Er gelingt ihm nur ein geziertes, wenig überzeugendes Lachen:*
Aber nein, haha, aber nein, haha.
*Er merkt, mit dem Lachen kommt er nicht weiter:*
Der Knüppel des Kontrolleurs läßt nicht mit sich spaßen. Ich schüttle mit äußerster Entrüstung den Kopf, ich gestikuliere

beschwörend mit meinen Händen — vergebens. Unnachgiebig zwingt mich der Knüppel, das Photo aufzuheben und dem Kontrolleur das skandalöse Dokument mit gespieltem Widerwillen zu überreichen. Aber anstatt das corpus delicti dezent verschwinden zu lassen, betrachtet es sich der Kontrolleur mit einem sichtlich aus Genuß und Abscheu gemischten Interesse; und jetzt — Willi, ich bitte dich, sieh lieber weg! — jetzt präsentiert er schadenfroh dem Publikum meine Schande. Es ist gut zu erkennen, für die hinteren Reihen allerdings nur mit Glas: Etwas ganz Nacktes, erst oben ohne und — wenn man es auseinanderklappt — auch unten ganz ohne.

*Das Publikum bricht in dröhnendes Gelächter aus.*

Ich vergehe vor Scham, ich winde mich geradezu. Meine Reputation ist hin. Doch gebe ich mich nicht völlig geschlagen. Obendrein möchte ich dem Kontrolleur das intime Photo auf keinen Fall überlassen. Ich habe ein Recht auf den Schutz sowohl meiner als auch ihrer entblößten Persönlichkeit. Rrrrrrasch greife ich zu, rrrrrreiße ihm ... so ... rrreiße meine schöne Nackte, meine nackte Schöne in der Mitte entzwei.

*Dos Publikum freut sich, der Clown schreit erschrocken und traurig:*

Oooh!

*Wie soll das nun weitergehn?*

Ich bin zwar entwischt, aber er hat die obere Hälfte behalten und ich nur die untere. Die untere Hälfte für sich ist wirklich obszön. Es ist nicht meine Schuld. Nicht ich, der Kontrolleur hat oben und unten auseinandergerissen. Kein Wunder, daß sich daraufhin die untere Hälfte emanzipiert. — Willi, auch darüber wollen wir nachher diskutieren.

Zunächst muß ich die mir verbliebene Hälfte sorgfältig verstekken. Die Wut des Kontrolleurs, der mit der oberen Hälfte allein auch nichts anzufangen weiß, ist groß, wie man sieht. Er wird — aus gegebenem Anlaß, wie sich versteht, — den unteren Teil zu konfiszieren trachten. Glücklicherweise habe ich ein bißchen zaubern gelernt. Während sich also diese linke Hand auffallend mit meiner überdimensionalen Nase beschäftigt, hat meine Rechte, indem sie den Hut nur leicht und lässig, nicht weiter, als es die Höflichkeit gebietet, zum Abschied vor dem Kontrollbeamten zieht, den Rest des corpus delicti unbemerkt unter dem Hut in Sicherheit gebracht.

Nicht ganz unbesorgt, aber doch mit dem Leichtsinn der Kinder Gottes wandle ich von dannen. Ich habe freilich so ein Gefühl, als ob mich das Kontrollorgan im Auge behält. Dennoch — Willi, verzeih — ich komme mir irgendwie von Gott behütet vor. Auch die Welt erscheint mir irgendwie verklärt. Dieser, unter anderen Umständen ungewöhnlich häßliche Garderobenständer nimmt zum Beispiel für mich die Gestalt eines reichbelaubten Baumes an. Warum sollte ich mich nicht zu kurzer Rast an seinem Stamm niederlassen?

*Er singt, gedehnt, verkehrt und sentimental:*

»Am Brunnen vor dem Tore, da steht ein Lindenbaum, ich träumte in seinem Schatten gar manchen süßen Traum ...«

*Seine Gesangsdarbietung hat nur beim Publikum Erfolg.*

Nein, nein, so gelingt es mir nicht, den Kontrolleur zu besänftigen; das hat die Sache noch schlimmer gemacht. Für sein Verständnis ist und bleibt dies ein Garderobenständer. Wer etwas anderes behauptet, ist entartet, ist pervers, ist ein Hippy. Also weiter! Vielleicht glückt es mir, bevor der Kontrolleur — er ist schwerfällig — sich in Bewegung gesetzt hat, mich hinter diese Mauer zu retten.

*Er strengt sich gewaltig an und ruft gellend, indem er den Dompteur imitiert:*

Hoi, Hopp!

*Und — trotz seinen viel zu großen Schuhen und schlampigen Hosen ist es geglückt:*

Mit einem einzigen Satz bin ich drüben! Willi, nicht wahr, es sieht aus, als wenn ich mir weh getan hätte.

*Das Publikum lacht.*

Warum lachen die Leute? — Ach so, diese Mauer ist ein Klavier. Um so besser! Ich bin musikalisch, ich spiele Klavier. Vielleicht mache ich meinem Kontrolleur mit Klaviermusik eine Freude. Noch fehlt mir die Sitzgelegenheit. Ohne Sitzgelegenheit kann kein Pianist künstlerisch spielen. Da drüben auf der anderen Seite der Manege erblicke ich zum Glück einen Hocker. Was bleibt anderes übrig? Ich muß das Klavier mit eigener Kraft zu der Sitzgelegenheit transportieren.

Dieser dumme, ungefällige Kontrolleur! Er sieht doch, wie mühsam es ist! Oder denkt er, das Klavier bewegt sich von selbst? Warum hilft er nicht? Ich breche ja beinahe zusammen. Stattdessen spielt er, wohl um mich einzuschüchtern, herausfordernd mit seinem Knüppel.

*Mitleid heischend stöhnt er in der Art eines routinierten Gepäckträgers:*

Oh, verdammt, ist das eine Arbeit!

Willi, wenn du behauptest, es wäre bequemer gewesen, nicht das Klavier zum Hocker, sondern den Hocker zum Klavier zu transportieren, dann kannst du dir dein Eintrittsgeld zurückzahlen lassen, dann verstehst du nichts von der Welt des Zirkus, beziehungsweise vom Zirkus der Welt.

So, das wäre geschafft, jetzt kommt der musikalische Teil.

*Er klappt das Klavier auf und fantasiert zunächst ein wenig vor sich hin.*

Ich schaue mir meinen Kontrollbeamten an, worauf sein verkrustetes Gemüt reagiert. Ich versuche es mit etwas Klassischem.

*Mit starkem künstlerischem Ausdruck spielt er einige Takte aus Beethovens Pathétique.*

In Shakespeares »Kaufmann von Venedig« heißt es zwar: »Wer nicht Musik hat in sich selbst, taugt zu Verrat, zu Räuberei und Tücke!« Aber das Gegenteil stimmt auch nicht immer. Heinrich Himmler liebte Bach und spielte selber Klavier.

Mein Kontrolleur ist mir in bedrohlicher Weise nahegerückt. Ich werde unsicher, seine Nähe irritiert mich. Jetzt steht er hinter mir. Was hat er vor?

Die Pathétique ist wohl doch nicht das Richtige für ihn. Es bedarf einer einfachen, direkteren Therapie. Ich probiere es mit einem Choral.

*Unvermittelt bricht er ab und setzt übergangslos ein mit dem Choral »Ich bete an die Macht der Liebe«.*

Wenn ihm dieser fromme Appell nicht zu Herzen geht, dann bin ich verloren ...

Nein, ich bin nicht verloren. Der Kontrolleur ist ergriffen, der Kontrolleur weint. Also im Grunde doch ein guter Mensch. Man muß ihn nur richtig behandeln. Ich bin selbst gerührt. Ich reiche ihm, meinem Bruder, mit der linken Hand mein Taschentuch hinauf. Man hört es, er schneuzt sich. »Ich bete an die Macht der Liebe ...«

Aber, was ist das?

*Bebend vor Angst, ohne sein Spiel zu unterbrechen, fleht er zu dem Kontrolleur:*

Oh bitte, ich nichts Verbotenes, ich nichts Po-Pornographisches unter dem Hu-Hut!

*Doch jetzt passiert's: Der Kontrolleur reißt ihm brutal den Hut vom Kopf. Das Klavierspiel endet mit einer Dissonanz, das Publikum — natürlich — lacht, der Clown ist im ersten Augenblick vor Schrecken starr, doch dann — ohne noch zu begreifen, blickt er sich in seligem Erstaunen um, und — endlich begreifend — jubelt er in Ekstase auf:*

Oooh, da ... da ... ein Wunder! Ein Vögelchen, ein Wunderchen, ein unschuldiges Vögelchen. Flieg, Vögelchen, flieg!

*Auf dieses lyrische Intermezzo ist der Clown besonders stolz:*

Was sagst du dazu, Willi? Ist das nicht eine entzückende Hexerei? Doch das verrate ich dir nicht, wie ich das Vögelchen in meinen Hut hineingezaubert habe.

*Erneuter Jubelruf des Clowns:*

Oooh, Vögelchen, unschuldiges, flieg!

*Wäre dies nicht ein passender Schluß?*

Ich bin erlöst, ich tanze beseligt.

Was geht jedoch in dem Kontrollbeamten vor? Noch kann er nicht fassen, wie sich das corpus delicti unter meinem Hut in ein unschuldiges Vögelchen zu verwandeln vermochte. Hat ihn das Wunder bekehrt? Ist er nun von meiner Sündlosigkeit überzeugt?

*Vielleicht sollte der Clown seinen Kontrolleur lieber nicht durch ein abermaliges Triumphgeschrei provozieren. Aber er kann es nicht lassen; seine Freude ist allzu groß:*

O Macht der Liebe, o liebes Vögelchen ...

*Da wird er vom Knüppel des Kontrolleurs zu Boden gestreckt. Das Schlagzeug der Kapelle stimmt ein in seinen Fall. Das Publikum — natürlich — lacht. Herzzerreißend jammert der Clown:*

Au, au!

*Und dann etwas leiser:*

Au!

*Und wehklagt schließlich still in sich hinein:*

Das habe ich doch schließlich nicht verdient! Warum schlägt mich der Kontrolleur? Das muß ein Irrtum sein! Oder ein Scherz?

*Er richtet sich mühsam auf und erklärt mit erzwungener Heiterkeit:*

O bitte, haha, das macht ga-gar nichts, haha.

*Ein neuer, noch stärkerer Schlag, von der Kapelle begleitet, trifft ihn zum Vergnügen des Publikums. Er schreit:*

Au!

*Aber er faßt sich:*

Ich verstehe es zwar nicht, doch ich nehme es hin. Vielleicht eine Prüfung. Ich will mich bedanken.

*Und er erhebt sich, bringt seine Kleidung in Ordnung und sagt, schlicht und ohne zu stottern:*

Danke, danke untertänigst.

*Vergeblich! Der nächste Schlag ist noch grausamer. Dem Publikum macht es gewaltigen Spaß. Der Einsatz der Kapelle hat wiederum exakt geklappt. Der Clown bricht zusammen:*

Au!

*Er liegt am Boden, er überlegt:*

Was nun? Ich muß dem Kontrolleur einfach mit noch mehr Liebe begegnen. — Willi, was meinst du dazu? — Durch Sanftmut ist jeder Widersacher zu überwinder, nicht wahr?

Gut, ich verzeihe ihm, sein Amt ist schwer, und sicherlich haben wir alle unsere Prügel verdient.

Ich richte mich also, ohne beleidigt zu sein, in aller Ergebenheit auf. Ich muß mich sogar auf die Fußspitzen stellen — er ist sehr groß —, damit ich seinen Mund, der mir eigentlich widerlich ist, erreiche. Ich gebe mir Mühe, — man sieht es mir an — mich nicht zu ekeln, indem ich den Kontrolleur demütig umarme und seine Lippen brüderlich küsse. Aber ... aber ...

*Ein leiser Schreckensruf entfährt ihm:*

Oh?

*Was ist passiert?*

Der Kontrolleur ist in sich zusammengesackt.

*Ratlos fragend sieht der Clown sich in der Runde seines Publikums um:*

Ist er o-ohnmächtig? Ist er gar to-tot?

*Aber das Publikum lacht nur.*

Willi, was meinst du? Hat er sich zu sehr angestrengt? Oder habe ich ihn womöglich totgeliebt? Doch wie soll ich leben ohne Kontrolleur? Nein, ich gebe ihn nicht auf. Ich werde ihn wieder beleben. Ich will es mit Magie und Massage versuchen.

*Indem er an dem lang auf dem Boden ausgestreckten Leib des Kontrolleurs herumarbeitet, singt er seine beschwörende Litanei, wobei er immer schneller wird und sich schließlich verhaspelt:*

Blase blase Mund und Nase Gottes Luft Leibes Gruft, Mund und Nase blase blase Gottes Luft Leibesgruft Mund und blase Gruft und Nase Leibesluft ... oho!

*Der Clown fährt stumm mit seiner magischen Massage fort:*

Schon atmet er, kommt wieder zu sich, schlägt seine treuherzigen Augen auf. Wir blicken uns gegenseitig innig und tiefbewegt an. Ich greife ihm kräftig unter die Arme.

*Laut ächzend greift er zu:*

Oooh, ooh.

*Er verkneift sich die respektlose Äußerung:*
Das ist ein Brocken.
Aber jetzt steht er, steht sogar ganz von alleine, steht stramm.
Ich setze ihm seine Mütze — eine Mütze mit schöner Kokarde —
auf. Ehrerbietig reiche ich ihm seinen Knüppel. Der Knüppel
gehört zu ihm, er ist eine Amtsperson ...
*Bums! Da trifft ihn der Knüppel der Amtsperson. Auch die
Kapelle macht wieder mit, und das Publikum biegt sich vor
Lachen. Kaum hört man den schrillen Klageruf des Clowns:*
Au!!
*Der Mißhandelte bleibt liegen und rührt sich nicht mehr:*
Jetzt reicht es, darauf war ich nicht gefaßt. Ich war doch so gut
zu ihm! Der Unmensch packt mich, jetzt bin ich verloren,
schleppt mich an meinen Beinen wie einen dreckigen Sack aus
der Arena.
*Es sieht so aus, als sei es nun endgültig mit dem Clown vorbei.
Da brüllt er in ehrlicher Verzweiflung auf:*
Hilfe, nicht vor die Löwen! Nicht vor die Löwen!
*Die Leute lachen ahnungslos.*
Willi, ich erkläre dir später, warum ich die Löwen nicht mag.
*Erneutes Hilfegeschrei:*
Bitte nicht vor die Löwen!
*Irgendwie tut dem Clown die Reaktion des Publikums weh:*
Ist das zum Lachen, dieses Fiasko, diese Enttäuschung, diese
Niederlage der Liebe?
Aber, Willi, paß auf! Ich habe noch ein reizendes Kunststück in
petto. Mir fehlt der Ehrgeiz, mich von den Löwen fressen zu
lassen. Oder, Willi, was sagst du dazu? Muß man sich wirk-
lich ... Nein, nein, man muß nicht! Ich rette mich lieber durch
Akrobatik. Auch dir, in deinem Beruf, hilft oft nur Akrobatik.
Doch zunächst etwas Striptease. Keine Angst, nicht bis zum
Äußersten! Ich ziehe mich einfach — so — aus meiner Hose
heraus.
*Das Publikum hält angesichts dieser Prozedur, voller Sympathie
für den Clown, den Atem an.*

Da schleppt der Knüppelmann — so ein Dummkopf! — eine leere Hose und ausgelatschte Stiefel weg! Ich selbst? Wieso mich genieren? Meine Unterhose ist modisch geblümt.

*Diesmal hat das Publikum mit seinem Beifall recht.*

Die Metamorphose ist indessen noch nicht zu Ende. Ich schlage ein Rad . . .

*Dazu ein vernehmliches:*

Hoppla!

*Aufgepaßt:*

Ich verliere dabei versehentlich meine Jacke, schlage noch einmal ein Rad . . .

*Wieder ein vernehmliches:*

Hoppla!

*Und nun?*

Und nun entfalten sich groß meine Flügel . . .

Willi, ist das nicht ein netter, ein geradezu theologischer Trick?

*Aber der Applaus des Publikums ist verfrüht:*

Aufgeregt kommt jetzt der Kontrolleur mit dem Knüppel gelaufen. Meine Entpuppung macht keinen Eindruck auf ihn. Er kennt kein Erbarmen, auch nicht mit Engeln. Zur rechten Zeit läßt man jedoch eine Strickleiter, eine Himmelsleiter, ex machina aus der Kuppel herab. Ich empfehle mich mit einem frohen Juhu, rette mich kletternd kuppelwärts, werfe zum Abschied meinen Hut in die Manege tief unter mir. Auf dem Kleiderständer, genau wo er hingehört, landet der Hut.

Juhu!

*Die Zuschauer klatschen; Musik setzt ein. Immer höher hinauf klettert der Clown und betrachtet von oben, was sich in der Manege begibt:*

Der Kontrolleur untersucht noch einmal den Hut nach dem corpus delicti. Jetzt schleudert er das Ding enttäuscht und verächtlich beiseite — ohne Sinn für das Metaphysische. Dafür spucke ich ihm — halb Weihnachtsengel, halb Harlekin — aus der Zirkuskuppel auf seinen Deckel. Ich spucke —.

*Dazu ein Musiktusch.*

Aber sieh da, lauter niedliche bunte Luftballons schweben statt dessen vom Himmel des Clowns!

*Das Publikum jubelt ihm zu. Auch der Kontrolleur kann nicht mehr umhin; er kapituliert vor dem zauberhaften Phänomen: Verwundert schüttelt er den Kopf, und wäre ihm nicht ein Manegendiener zu Hilfe geeilt, hätte er sich den Kopf beinahe von seinem Halse geschüttelt. Das aber wäre bestimmt nicht im Sinne des Clowns gewesen, o nein:*

Willi, deine Leute fragen doch immer so aufgeregt, wo denn das Positive bleibt? Ist das hier etwa nicht positiv? Lauter lustige bunte Ballons! Sogar der Kontrolleur ... Schade, daß du nicht gekommen bist, Willi, — schade ...

Und nun zum Abschied noch einmal:

Juhuuu!

# DAS LITERARISCHE WERK VON HEINZ FLÜGEL
## IM EVANGELISCHEN VERLAGSWERK

»Als Sohn des Generalkonsuls kam Heinz Flügel in São Paulo (Brasilien) 1907 auf die Welt. Seit mehr als 30 Jahren hat er, auch in ernsten und schweren Zeiten, seinen Mann gestanden: einstmals in der Rabenpresse, in Pechels unvergessener ›Deutscher Rundschau‹, später in der Redaktion des katholischen ›Hochland‹ als evangelisches Mitglied. Weithin bekannt machte seinen Namen die evangelische Zeitschrift ›Eckart‹. Als Herausgeber prägte er mit einer Schar gleichgesinnter, aufgeschlossener Mitarbeiter den Stil: wach und zeitkritisch. — So steht Heinz Flügel uns heute vor Augen: ein liebenswürdiger und guter Zuhörer zugleich, aber auch ein unermüdlicher Erzähler, der auf vielen Reisen nach Übersee — im Auftrag des Kirchlichen Außenamtes oder des Goethe-Institutes — Gestalten, Vorgänge des Geisteslebens interpretierte. Die christliche Botschaft rückt er in das Bewußtsein der Gegenwart, indem er Gleichgültige wie Widersacher im Gespräch nicht ausschließt. Der heutige Mitarbeiter der Evangelischen Akademie Tutzing und literarische Botschafter ist im neuen Israel ebenso willkommen wie in Kanada oder Chile. Heinz Flügel, den Kenner einen geborenen Essayisten nennen, hat als Hörspielautor und Publizist ein gutes und glückliches Verhältnis zum Rundfunk. Der Autor, dem Kierkegaard und Bonhoeffer mehr sind als Zitatlieferanten, denkt, schreibt und redet auf dem geistigen Breitengrad der unbequemen Wahrheitssucher ...«

F. H. Ryssel zum 65. Geburtstag von Heinz Flügel (März 1972)

*Chr. von Imhoff* schrieb in den Stuttgarter Nachrichten u. a. folgendes:
»Im Leben Heinz Flügels haben zwei Worte eine große, wenn nicht gar entscheidende Rolle gespielt: Farbe bekennen! Er hat es selbst in seinen Dichtungen, in seinen Essays, seinen dramatischen Arbeiten und seinen Hörspielen immer getan und dadurch seine Leser zur gleichen Haltung herausgefordert. Er griff schon früh zur Feder, um sich mit jener Thematik auseinanderzusetzen, die ihn nie losgelassen hat — die Gerechtigkeit Gottes.«

GRENZÜBERSCHREITUNGEN, Aufsätze und Essays, 210 Seiten, Leinen DM 19,80 · 1971

»In aufrüttelnder Weise und als ein Meister der Sprache deckt der protestantische Denker Heinz Flügel Dogmatismus und Ideologie als die Grenzen auf, die den Menschen in dem Wahn, die ganze absolut gültige Deutung der Wahrheit zu besitzen, fasziniert und verdorben hat.
Leidenschaftlich ist der Autor in seinen hier vorliegenden Abhandlungen und Essays bemüht, aus dieser Enge in die Weite zu führen — eben Grenzüberschreitungen zu vollziehen ... Das Buch umfaßt im

wesentlichen drei Schwerpunkte. Einmal den Dialog zwischen Christen und Marxisten, wo die Grenzüberschreitung in der Hoffnung ›auf das unbekannte Land der Zukunft jenseits der Grenzen‹ gewagt wird ...; zum zweiten das Gespräch zwischen Christen und Juden. Den dritten Schwerpunkt bildet die Situation Lateinamerikas. Flügel erhellt in dieser Grenzüberschreitung mit seinem immer wieder erstaunlichen Einfühlungsvermögen die Tragik der indo-amerikanischen Völker ... Beim Lesen dieses Buches fiel uns ein, daß Jesus von Nazareth kein Systematiker gewesen ist, sondern jeweils in Situation bar jedem Dogmatismus durch das Annehmen des unvollkommenen Menschen Gottesglauben geweckt hat. Heinz Flügel halten wir für einen Advokaten dieses Erbes in unserer Zeit. Sein Buch lädt ein zu eigenen Grenzüberschreitungen. Es ruft uns aus der Enge in die Weite.«

Schweizerisches Reformiertes Volksblatt

DIE BOTSCHAFT DES PARTISANEN, 131 Seiten, Leinen DM 9,80 · 1969

»Das Mittelstück des neuen Buches bilden 16 dialogische Betrachtungen ... Prediger, die verlegen darum sind, die Sache Jesu in heutiger Stunde auszurichten, finden hier einzigartig hilfreiche Anstöße, die Bibel folgenschwer weiterzudenken. Endlich wird der Christenglaube nicht mehr als das Selbstverständliche vorgestellt ... Flügel trifft ins Schwarze, den Leser zur eigenen Besinnung zwingend ... In welcher Weise hätten wir, dingfest gemacht als die Zeitgenossen und Randfiguren des Dramas zwischen Jesus und Gott, dabeizusein, um unsere Lebenswahrheit geht? Nikodemus und Joseph, der Hauptmann und Pilatus, Kaiphas, Maria und der Diener beim Abendmahl — Randfiguren sind wir, denen die Sicherheit mangelt, kirchenamtlich und bekenntnistreu das Zentrum zu okkupieren, die aber vor dem Tor der wieder sehr groß gesehenen offenen Fragen stehen ... Diese Texte, Denkangebote für den modernen Bibelleser, werden durch zwei Stücke eingerahmt, mit denen der Autor noch direkter die heutige Situation der müde gewordenen Christlichkeit provoziert, das Plädoyer eines Pfarrers, der sich seinem Oberkirchenrat vergeblich als Ketzer zur Verurteilung anbietet ... und jene Erzählung, die dem Buch den Namen gab. Der Partisan in unserer Mitte ist als ein lateinamerikanischer Pater vorgestellt, dem Gott befiehlt, sich den Atheisten anzuvertrauen, zu den kämpfenden Guerillas überzugehen, weil ›die sakramentale Speise der Kirchen nicht mehr hilft, solange den Hungernden die irdische Nahrung fehlt‹. Das Christentum ist diesem Partisanen zusammengeronnen zum Verlangen, an einer konkreten Stelle mit den Elenden solidarisch zu werden ... Heinz Flügel ist die Stimme derer, die an der Kirche leiden, weil ihnen Christus größer geworden ist als sein Bethaus.«

Johann Christoph Hampe in »Evangelische Kommentare«

AN GOTT GESCHEITERT, Szenen und Dialoge mit einem Vorwort von H. J. Schultz zum 60. Geburtstag des Autors, 148 Seiten, Leinen DM 12,— · 1967

Inhalt: Der letzte König von Kasch · David weint um Saul · Der brennende Saal · Abschied von Don Quijote · An Gott gescheitert.

»Was diese Szenen und Dialoge auszeichnet, ist der Stil, mit dem längst Vergangenes wie Heutiges, oft mythische Vorgänge, herangeholt werden, in heutiges Verstehen und zeitgemäße Sprache, die auch das Alltägliche nicht scheut, und der zugleich das Geheimnis der jeweiligen Szene oder des Dialogs bewahrt. Erschließung geheimer Wirklichkeit durch verstehbare Sprache. Motive unseres Daseins werden freigelegt, sie werden menschlich. Genuß wie Bereicherung sind groß.«

Neue Ruhr-Zeitung

KONTUREN DES TRAGISCHEN, Exemplarische Gestalten der Weltliteratur, 184 Seiten, Leinen DM 14,80 · 1965

»In zehn Essays, die vom biblischen Propheten Jona bis zu Iwan Karamasow führen, zeichnet Flügel mit Meisterhand Gestalten der Weltliteratur in ihrer paradigmatischen Bedeutung ... Flügels Interpretationen, die literarische Konventionen weit hinter sich lassen, gewinnen hier aktuelle, politische, sittliche und religiöse Bedeutung.«

Jedioth Chadashoth (Israel)

HERAUSFORDERUNG DURCH DAS WORT, 176 Seiten, 12 Bildtafeln, Paperback DM 6,80 · 1962

»In 14 geschliffenen Essays behandelt der Autor Schriftsteller unseres Jahrhunderts wie Benn, Brecht, Werfel, Kafka, Musil, Hemingway, Bernanos, Eich und so weiter ... Es handelt sich nicht einfach um Porträts, sondern um den erstaunlich ergiebigen Versuch, aus der Literatur unserer Zeit die Provokationen herauszulesen, die sich aus der geistigen Revolution der Gegenwart ergeben, die wir jedoch durchweg noch gar nicht zu erkennen und zu benennen vermögen. Flügels Buch dürfte zu den anregendsten und aufregendsten Beiträgen des Protestantismus ... gehören.« Süddeutscher Rundfunk

DER HAHNENSCHREI, Biblische Szenen und Dialoge, 260 Seiten, Leinen DM 9,80 · 1962

»Diese Hörspiele sind ein ernsthafter Versuch, die biblische Botschaft dem modernen Menschen und seiner Denkweise nahezubringen. Sie haben keine billige volksmissionarische Tendenz, sondern sind einfach gestaltete Zeugnisse eines Künstlers. Das gibt ihnen echten, literarischen Rang. Das macht ihre Gestaltung glaubwürdig.« Junge Kirche